イェール大学言語学博士 特別セミナー

グローバル思考の英会話

ウィリアム・A・ヴァンス著
神田房枝監訳

English for Global Communication

DHC

プロローグ

ウィリアム・A・ヴァンス

日本を訪れた際に、超一流の営業マンと出会った。もしも世界ランキングというものが存在したなら、トップクラスに属することは間違いないだろう。

日本を代表するグローバルオートメーカーである本田技研工業株式会社の連結子会社で働くKさんのことだ。実は彼と出会うずっと以前から、私が定期的に訪日するようになったことを機に、同業の他の営業担当の方々からも車の購入を勧められていた。その中には、日本T社、ドイツM社、V社、フランスC社の車を販売する方々が合計10名と、また同じホンダ車を売る別の1名も含まれていた。しかしKさんは、他の追随をまったく許さないほど圧倒的に突出していたのだ。

Kさんが他者と一線を画した理由とは、いったい何だろう？

それは日本の営業ノウハウのみに甘んじることなく、グローバルコミュニケーションの知識を巧みに活用していたからに他ならない。

ただ間違えてはいけないのが、ここ最近の「グローバル」という意味である。その意味は、21世紀初頭から変容を遂げている。かつてのグローバル化＝アメリカ化の図式は影を潜め、今や文字通り「全世界的」として理解されるようになった。同時に「グローバルコミュニケーションが出来る人」という概念も、英語の堪能さとイコールで結べなくなった。なぜなら今日求められているのは、語学の領域を超えた「自分の考えを表現し、自分や自社を強く印象づけ、相手を理解し、異なる文化に対してフレキシブルにやり取りできる能力」であり、グローバルビジネスの成功は、そうしたスキルを学習した人財に委ねられていると言っていいからだ。

Ｋさんの素晴らしさ——それはまさに、グローバルコミュニケーション技術と日本で培った卓越した知識や戦術をみごとに統合しながら、自信を持って自社製品を紹介した点にある。彼が駆使した前者の技術を具体的に挙げると、フレンドリーな雑談、アイコンタクト、スマイル、力強い握手の他、ファーストネームで呼びかける、顧客の理解を確認する、顧客に質問を促すといった、世界中の誰にでも感謝されるものばかりだった。これらに日本人が得意とするきめ細やかな配慮、迅速な対応、高い士気が組み合わされると、心動かされない人はほとんどいない。このコンビネーションは、欧米人が逆立ちしたって真似できない特別なスキルであり、営業に限らず、どんな部署や専門分野であっても世界で有利に仕事をするための「成功の法則」と言っていいだろう。

この「成功の法則」を実践していただくために、本書では日本人を含めたアジアの人々にあまり知られていないグローバル思考とコミュニケーション技術について紹介させていただいた。科学的実証や私自身の教授経験から、真に利用価値が高いものだけを厳選している。基本的に英語コミュニケーション力を向上させていただくために執筆したが、実際には日本語あるいはその他の言語を話す際であっても応用できるものばかりで、フラット化された地球※のどこにいても、誰を相手にしようとも大いに役立てていただけるだろう。

あなたが「全世界的コミュニケーション力」を手に入れ、あなた自身の途方もない潜在力を大輪として開花させるための一助となれば、著者としてこれほど幸せなことはない。

※『フラット化する世界』（原題：*The World Is Flat: A Brief History of the Twenty-first Century*）はトーマスL. フリードマンが2005年に上梓した著書のタイトルである。

目次

コラム

装丁　竹内雄二
帯写真（著者）　公文健太郎
本文デザイン・DTP　BUFFALO.GYM
イラスト　金子真理

第1章

これから話すことが
100倍よく理解される技術

TECHNIQUES FOR
INCREASING UNDERSTANDING ONE-HUNDRED FOLD

聞き手はあなたの話を「全力」で聞いているだろうか？

あなたの話を聞いている人は皆、かなりエゴセントリックだ。

そう思って間違いありません。

献身的な部下から、熱い眼差しを送る恋人、従順な子供、有能な弁護士、世話好きのご近所さんまで、あなたの話に「ふむ、ふむ」と真剣に頷いてくれていたとしてもです。というのも、それが人間の生物学上の宿命だからです。

あなた自身が聞き手である時を考えてみるとよく分かります。家族や同僚や顧客の話を100％理解しようとする態度で、四六時中聞いていらっしゃるでしょうか？

耳は傾けているつもりでも、頭がある瞬間に空白になっていたり、何秒かまったく別のことを考えていたりした経験があるはずです。これはまだ良い方で、聴衆が大きくなるほどに聞く役割を全うしない傾向があり、ひどい場合は居眠りや携帯電話のチェックをする方さえ珍しくありません。特に情報量が溢れ、流動性が高く、煩雑な毎日を送る現代人は、「聞く」という受動的な行為に全力投球することが難しくなっています。

生物学上の宿命だと申し上げたのは、そもそも相手の話をどのくらい専念して聞くか、その内容をどの程度理解しようとするかは、聞き手の選択肢であるという揺るがない事実が存在するからです。電脳にインプットするのとは違います。熱心に聴いているふりをしながら聞き流したり、別のことを考えたりすることが可能です。話の内容がつまらなければ、途中から理解することを止めてしまうことだってできます。

「話を聞け！」と絶叫しなくて済む3つの技術

さて、こうした身勝手な聞き手に向かって一生懸命に話しているあなた自身を想像してみてください。

話の内容が重大であればあるほど、話の準備に時間や労力を費やせばするほど、またあなたが相手からのフィードバックを必要とすればするほどに、やるせない気持ちになるに違いありません。話の奥行きが薄っぺらになってしまったり、要点が聞き落とされたり、主旨が誤解されたりすることは日常茶飯事なのです。

あなたが母国語でない英語で話す時には、英語の癖や発音のハンディキャップもあるので、相手に集中して聞いて欲しいと熱望しているのに、それを尻目にしてです。

でも「ちゃんと話を聞け！」と絶叫する前に朗報があります。

実は、相手を理想的な聞き手にする技術が存在するのです。それらの技術はビジネス会話から国際的プレゼンまでオールマイティに応用でき、相手があなたの話に確実に引き込まれざるを得なくなるものです。英語で話す時はもちろん、日本語でもその他の外国語で話す時にも利用できます。その上、聞き手にお願いすることは何ひとつありません。話し相手を理想の聞き手に仕立ててしまうのは、話し手であるあなた自身だからです。

　ではさっそく、その３つの技術についてご紹介していきましょう。

1-1 聞き手を一心不乱にさせる「利益の陳述」

1. 優れたコミュニケーションは「聞き手本位」

米国人である私が、禅宗典籍に由来する「以心伝心」という四文字熟語に初めて遭遇した時は大変感動しました。

言葉を介さずに通じ合える神通力そのものよりもむしろ、「(頭の中まで読む) 理想的な聞き手」になるために超人的な集中力や知力や精神力が養われた点についてです。そうした努力は、「悟りを開く」という目標を達成するためにはどんな教えも逃したくないという強いモチベーションに促されていました。

私たちはこの究極のコミュニケーションの形から、話の内容よりも、聞き手が話を集中して聞けるように動機づけ、最大限に理解できるように努力することこそが、コミュニケーションの成功の鍵であることに改めて気づかされるのです。

実に優れたコミュニケーションとは、常に聞き手本位です。

話が上手い人というのは、話す中身そのものが面白いように錯覚しがちなのですが、聞き手中心主義者でなければ話し上手になることは不可能です。ところが大勢の人々は、話し手中心主義者です。話し手である自分に意識が集中してしまっていて、自分の言いたいことが上手く言葉にできたならば、相手に伝わったものとして安心しています。

特に英語で話す場合には、自分の英語の構文や文法や発音が最も重要な課題となってしまい、話し終わった自分の英語パフォーマンスに一喜一憂するものの、相手の理解度を上げる工夫ができたかどうかについて自省している方はほんのわずかでしょう。

優れたコミュニケーターとは、聞き手が話の重要なポイントを把握できるように、あるいは話の中で勧める行動を実行しやすくするために、情報を選択したり、配列したり、伝達したりしている人です。

心を動かすスピーチや話の達人と認知されている人を注意深く観察してみると、この事実を実感していただけるでしょう。特に英語で話す時こそ、聞き手本位を心がけてみると、あなたの英語の構文や文法や発音についての多少の間違いは聞き手にとって気にならないものになり、あなたの話もずっと良く理解されることになるでしょう。

つまり自分の聞き手について知ることが、会話からプレゼンに至るまでビジネスコミュニケーションで成功をつかむための最初のステップになります。

聞き手が最大限に理解できるよう努力することこそ、コミュニケーションの成功の鍵。

2. 聞き手のプロフィールを作る

聞き手に関する理解を深めるためには、まず次の質問に対する答えを考え、聞き手のプロフィールを作ってみるといいでしょう。

プロフィールを作成すると言っても、手間を要するおおげさなものではなく、話の準備過程で留意する時間を取るだけで十分です。日常的なビジネス会話であれば、話し始める前に一瞬回答を頭に描いて配慮してみるだけで、あなたの話は聞き手本位に構成されていくことになります。

▶ 聞き手をプロファイリングする４つの質問

1. Who are they?
2. Why are they interested?
3. What do they know?
4. How do they decide?

１は文字通り「（自分の話の）聞き手は、誰か」ということですが、何をしている人か、どんなバックグランドを持つ人かという内容が含まれます。

２の「なぜ聞き手は（自分の話に）興味があるのか」については、あなたの話を聞いているだけで多少なりとも関心があるはずですから、その理由を考えてみます。

３の「聞き手は何を知っているか」ですが、話題に関してどのくらいの知識を持っているかということです。聞き手に確実に理解してもらえるように話をするための指標となります。

４の「聞き手はどのように決定するか」については、どのような説得方法（論理的、感情的、倫理的など）で結論を出す人なのかという意味になります。聞き手に効果的に説得できるアプローチ方法が見つかります。

これらの質問について、見ず知らずの人に対して答えを出すのは至難の業でしょう。ですが一般的に申し上げて、私たちがビジネスを通して話す機会のある相手というのは、まったく面識がない場合の方がむしろ少なく、すでに多少の情報が手元にあったり、直接本人からあるいは第三者から聞けたり、検索できたりする場合がほとんどです。

ですから４項目全部は無理だとしても、聞き手のプロフィールをある程度まで埋めていくのはそんなに難しくはありません。

先の質問によって聞き手について深く理解した時点で、あなたの話の内容は、すでに聞き手により良く理解されたものと考えていただいて構いません。というのも、あなたの話の内容、言葉選び、口調は、自然と聞き手中心に厳選吟味されていくからです。

聞き手を知るための効果的な４つの質問を
頭の中で問いかけてみよう。

3.「利益の陳述」とは？

あなたが優れたビジネスパーソンとしてのコミュニケーションを目指すのであれば、聞き手本位のコミュニケーションを実行し、聞き手についてよく知るだけでは十分とは言えません。

さらに、あなたの話には求心力が必要です。あなたの話で魅了してしまうことが、結果的に聞き手の受容力を向上させ、理解度を最大限に上げることを保証してくれるからです。

では求心力をつけるには、どうしたらいいか？

カリスマ性や即席のジョークはまったく必要ありません。というのも、簡単な技術をひとつ使っただけで、話し手であるあなたが容易に操作できてしまうからです。私はこの技術を「利益の陳述」と呼び、就職面接に備える学生から、株主へのスピーチを準備するCEOにまで教えてきました。順を追って詳しくご説明しましょう。

「利益の陳述」とは、何でしょう？

ひと言で言うと、聞き手の関心をあなたの話へと吸引する最強の刺激剤です。

人は誰でも幸福になりたいと願い、そのための関心事があります。こうした関心事の種類は、知識、評判、人間関係、健康、お金、生活スタイルなどの領域で分けることもできるかもしれません。そして個人はそれぞれの関心が満たされる方向にエネルギーを費やしたり、物事を決定したりしているのです。

古代ギリシャ哲学者プラトン（紀元前427年～紀元前347年）から近代米国小説家・哲学者アイン・ランド（1905年～1982年）まで、人間の自発的な行動すべてを決定的に動機づけているのは、自己の関心であると述べています。

話すたびにWIFMを思い出そう

What
Is In It (your talk)
For
Me?

"What is in it for me?"という簡単な質問は、より良いコミュニケーションの方向へと導いてくれる。この質問は、ビジネス会話、ミーティング、プレゼンなどで聞き手が常に抱いている質問なのだ。だから逆にこの質問を話し手である自分に問いかけて回答できるようにしておけば、聞き手にとって価値ある話ができることになる。

というのは、話し手は自分の関心事について話したがる傾向がある一方で、聞き手は話し手や、話し手の関心事に興味があるとは限らず、自分自身を幸せにしてくれる事に大きな関心を抱いている可能性が高いからです。話し手が自分の伝えたいメッセージだけ伝えたとしたら、聞き手は自分の関心のある箇所だけしかきちんと聞かないと考えてもいいでしょう。

米国実業家であり、元祖ビジネスコミュニケーションコーチであるデール・カーネギー（1888年～1955年）も「友人を得たり、人に影響を与えたりするには、相手が関心あることを話しなさい」（to win friends and influence people, talk about things they are interested in）と述べていますが、彼の言葉通りに自己の関心事について話したい欲求を巧みに抑えて相手の関心を立てるか、あるいは相手の関心と合致するように自分の関心を鋳直して伝える必要があります。

つまり、あなたの話を聞き手の関心にプラグインする必要があるのです。そして、それを行ってくれるのが「利益の陳述」になります。言わば「これからする話はあなたの関心事にとってこんな価値があります」という聞き手との約束です。あなたの話の宣伝とも言えるでしょう。

「利益の陳述」は、具体的にはあなたが語るメッセージの主要な価値についてまとめた短い１文です。これは内容の要約ではありません。また話の要旨とも違います。あなたの話に耳を傾けたり、そこで語られた提案を実行したりすれば、いかに聞き手の人生や暮らしが良くなるかという説明と言ってもいいでしょう。

もちろん「利益の陳述」は、話の冒頭に使います。すると、話の最初から最後まで聞き手のあなたの話への関心のエネルギーは衰えることなく流れ続けるでしょう。

例えば、車のＴＶコマーシャルを思い出してみてください。非常に分かりやすい「利益の陳述」がかなりの頻度で使われているのです。映像に伴われた冒頭におけるスピード感、燃費の良さ、優れたハンドリングなどについての強烈なアピールに、思わず引き付けられてしまった方も少なくないでしょう。それぞれの車の特性に関心ある視聴者の心を、コマーシャルが終わるまで、いいえ終わった後も、がっちりとつかんでしまいます。

このような「利益の陳述」の効果には慣れ親しんでいるはずの私たちですが、ビジネス会話やミーティングやプレゼンなどとなると、相手にとって価値があることよりも複雑な詳細から話し始める方が実に大勢います。特に、科学者やエンジニアや技術系の方に顕著な傾向です。

日本にも次の２つのタイプのセールスパーソンが存在しているでしょう。

1. カーディラーを訪れると…

A　このトヨタ車は容量75リットルの燃料タンクを積んでいます。タンクが２つに分かれているのでこんなことが可能なんですね。

B　このトヨタ車は、満タンにすれば東京から大阪まで給油せずに行けますよ。

2. 家電量販店コンピュータ売り場を訪れると…

A　このコンピュータは、インテル Core i5-2450M プロセッサー搭載で、メモリーは４ギガですね。

B　このコンピュータは、この価格帯ですと他のどのコンピュータよりも速くネット検索ができますよ。

どちらの例でも、セールスパーソンＢさんの方が相手の関心をつかむことに成功する確率が高いのは明らかでしょう。

Ｂさんの「利益の陳述」は、車あるいはコンピュータを選択しようとしている顧客の関心事である「便利さ」や「ガスマイレージの良さ」、あるいは「時間の節約」や「ストレスのないコンピュータ操作」といった利益をまず宣伝することで、顧客の関心を強く製品に向かわせることができるのです。複雑な詳細については、もちろん必要な情報ではありますが、いったん製品に対しての顧客の関心を冒頭で捉えてしまえば、後でじっくりと聞いてもらえますから急ぐことはありません。

「利益の陳述」を冒頭で使うと、
聞き手の関心のエネルギーは最後まで流れる。

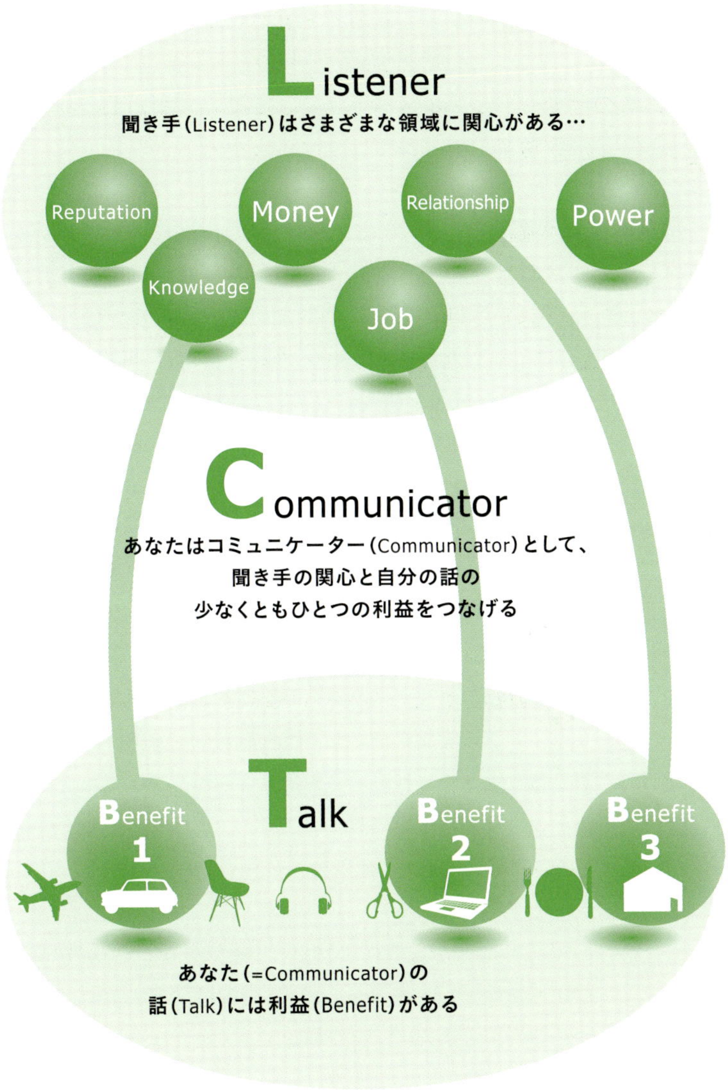
Listener
聞き手(Listener)はさまざまな領域に関心がある…
Reputation
Money
Relationship
Power
Knowledge
Job
Communicator
あなたはコミュニケーター(Communicator)として、
聞き手の関心と自分の話の
少なくともひとつの利益をつなげる
Talk
Benefit 1
Benefit 2
Benefit 3
あなた(=Communicator)の
話(Talk)には利益(Benefit)がある

4. ビジネス英会話での「利益の陳述」

ビジネス英会話における「利益の陳述」の役割についても、具体的に見てみましょう。オフィスの同僚にまったく同じことを2通りで伝えることを想像してみてください。

A I got the sales data from last quarter, and there is a lot of information we should discuss, including a change in our customer base that may require a different kind of marketing campaign. And one of our competitors exited the market but sold their product line. We don't know who the buyer is.

（前四半期の販売データを入手したのですが、異なるマーケティング活動を必要としそうな顧客ベースの変化など、話し合うべき情報がたくさんありますね。ライバル会社のひとつは市場から撤退して商品ラインを売却してしまいました。買い手は誰か分からないですけれど……続く）

B The sales data from last quarter arrived, and I found a way that we can make more profit.

（前四半期の販売データが届いて、もっと収益を上げる方法を見つけたんです）

日常的に会社で話されるような販売データについての話題です。英語のネイティブであるかノンネイティブスピーカーであるかは全然関係なく、多くの方がAさんのように頭に浮かぶままに報告してしまう傾向があります。話し手としては、自分の言いたいことを次から次へと流暢に話しているのですから、上手くコミュニケーションしているかのように満足しています。

でも、聞き手側としてはどうでしょう？　一生懸命に話を残らず聞こうと駆り立てられる強い動機が誰にでもあるとは限らず、一部を聞き落としてしまったり、ついつい別のことを考えてしまったりしても不思議ではありません。でも聞き手を責めるのは、お門違いといえるでしょう。情報が溢れる世の中で煩雑な毎日を送る私たちに、このような話し方で100％集中するよう求めることが誤りなのです。

その一方で、「利益の陳述」が含まれているBさんの方法で話せば、あなたの同僚が仕事自体に無気力でなければ、興奮気味に全意識を集中させて聞いてくれることは確実です。これが、「利益の陳述」のパワーです。

これからメッセージで語られる非常に価値ある結果や成果へと、聞き手の関心をたちまちプラグインします。ですから、たった1分間の時間を割いて「利益の陳述」を考えるだけで、会話への聞き手の集中レベルを完全に変容させ、ビジネス会話を成功へ向かわせることができるのです。

たった１分間「利益の陳述」を考えてみることが、
ビジネス会話の成功の素。

5.「利益の陳述」を作るのは簡単

では、「利益の陳述」を作ってみましょう。

「利益の陳述」は、あなたの話が聞き手の期待に必ず応えることを約束するものです。ですから聞き手が話に対して抱いている期待について考えてみると、どんな「利益の陳述」を作ったらいいのかが、おのずと明らかになります。

そのためには先に述べた聞き手のプロファイリングから聞き手の目標や期待を考察し、それからあなたの話の内容を概観して、聞き手の期待に応えられる自分の話の成果や利益を探し出してください。クリエイティブで柔軟になること、また大きなビジョンから利益を展望すると魅力的な陳述を作りやすくなります。

▶「利益の陳述」を作るステップ

1. 聞き手の目標や期待を考察する
2. 自分のメッセージの成果や利益を概観する
3. クリエイティブで柔軟に、また大きなビジョンで展望する
4. 聞き手の目標や期待とメッセージの価値がつながることを約束する1文を作る

「利益の陳述」としての文は短い1文で、明解でかつ興味を掻き立ててこそ、その本領を発揮します。宣伝のキャッチコピーのように考えると分かりやすいかもしれません。

聞き手が禅僧であるならば、「悟りを開くために絶対役立つ方法をお教えします」となるかもしれませんし、またIT関係社員であれば、「もうアップル社もライバルではなくなります」かもしれません。

聞き手のスウィートスポットに当たるほど効果的に作用し、聞き手は話を聞き逃さないように動機づけられ、また話の中の提案を実行するように誘引されます。

「利益の陳述」を自然に述べるために便利な言語には、次のようなものがあります。

- I'll be suggesting an approach that will help us to ...
  (…に効果のあるアプローチを提案しようと思います)
  → ... reduce our travel expenses.
  (旅費を削減する)
  → ... finish the project more quickly.
  (プロジェクトをもっと早く終わらせる)
  → ... use fewer staff on projects.
  (より少ないスタッフでプロジェクトを行う)

- Our meeting today will offer us a way to ...
  (本日の会議で…する方法を見つけることになります)
  → ... win more contracts.
  (より多くの契約を獲得する)
  → ... better compete with rival companies.
  (競合他社とより効果的に競争する)

- My presentation will introduce a technique that will ...
  (プレゼンでは…する技術を紹介いたします)
  → ... change ...
  (…を変える)
  → ... improve ...
  (…を改善する)
  → ... allow ...
  (…を可能にする)

└──→ ... help ...

（…に役立つ）

話の導入部分にこの魔法のようなたった１文を挿入するだけで、求心力がつくことが約束されますから、話し手として決定的な心理的勝利を収めることができるのです。

またノンネイティブスピーカーが英語を話す場合のハンデがあったとしても、相手がそれを楽に乗り越え、あなたの話に注意深く聞き入り、最大限に理解するために不可欠な方法とも言えます。

「利益の陳述」が相手のスウィートスポットに当たれば英語のハンデをより楽に乗り越えられる。

「利益の陳述」は、あなたのビジネス会話からプレゼンまでを一変させてしまうでしょう。逆にこの陳述が抜けていると、聞き手に説得力のあるメッセージを届けるために、あなたは重責を負うことになります。

話を始めたら、あまり長く待たずに１分以内に「利益の陳述」を述べるようにしましょう。そしてその効果を堪能しながら本題に触れ、話の終わりに近づいた頃に同じ「利益の陳述」を繰り返してください。するとあなたのメッセージの価値が強調されて相手に刻み込まれますから、聞き手の記憶にも残ることになります。

聞き手の期待に応える魅力ある利益をあなたが約束する限り、「利益の陳述」の効力は場面を選びません。会社でたったひとりの人に向かって話そうと、テレビを通して何億人という聞き手を相手にしようと、その力は絶大です。

「事実」「質問」「引用」で関心を買う手段もある

聞き手の関心を買う方法には、「利益の陳述」以外にも次のようなものがある。

- **驚愕する事実**

  トピックに関連したあっと言わせるような事実は聞き手に注目される。特に、割合や量といった「数」は効果的である。

  例：「世界中で毎日300万人がビジネスプレゼンテーションをしています。ですが専門家はそのうち有効なものは10％に過ぎないと推定しています。残りの270万との違いとはいったい何でしょうか？」

- **刺激的な質問**

  現実に直面している深刻な問題に関連する陳述や質問は聞き手を引きつける。

  例1：「私はたったひとこと言いたいだけです。そしてこのひとことは従来の販売方法を変えます」
  例2：「もし広告費が99％削減されたら、皆さんはいかにして製品を販売促進しますか？」

● **引用**

著名人からの引用は聞き手の関心を誘う。引用は良く知られている人物の言葉であるべきで、またその人物について多少の説明を加えるべきである。

例：「ドイツ生まれの理論物理学者アルバート・アインシュタインはかつて言いました。机にあるもので人の教養を判断する事ができると。今日の私のプレゼンテーションで、アインシュタインが机上にMD-100を相当欲しがっていたであろうことを証明いたします」

これらを会話でもプレゼンでも、話の冒頭やトピックの変わり目や区切りのいい場所で上手に使用することで、あなたは聞き手の関心を一気に集めることができる。そして話題について共に考える場へと聞き手を招き入れることが可能になる。

ただ、ここに挙げる手段の効力は、「利益の陳述」と比べると限定的だ。というのも、これらは聞き手に利益を与えるものではないからである。良いか悪いかは別にして、人間というものは自分のメリットを考慮して行動することの方が多い。だから「利益の陳述」の方が、聞き手を強く長く引きつけることができる。

1-2 会話でこそ、「ロードマップ」が冴える

1. 有能なビジネス・プロフェッショナルの証

英語圏では、ある法人が成功しているか、その組織の将来が約束されているかどうかというのは、代表者と話せばかなり高い確率で分かってしまいます。

どういうことかご想像いただけるでしょうか？

分りやすい例として、つい先日にセミナーの依頼を受けて、打ち合わせのためにお会いしたある病院のディレクターMさんについてお話ししましょう。ご参考までですが、その病院は全米における良い病院ランキングのトップ５％に属し、最近は患者との間により良い関係を築こうと、医師のコミュニケーション能力を向上させるべく政府助成金に積極的に応募しながら努力しています。

Mさんのオフィスで定刻に落ち合うと、病院にある自分のオフィスの場所の分かりにくさについて30秒ほど雑談した後、彼は次のように本題に入りました。

> Well, in our meeting I wanted to talk about the terms of the grant, hear your suggestions for the program components, and decide on a schedule for the fall. Was there anything else you thought we should talk about? Fine, and it will probably take us 30 minutes to cover these items—will that be ok for your schedule?
>
> （ええと、私たちの話し合いでは、助成金の条件について話して、その〔セミナー〕プログラム構成についてのご提案をいただいて、その秋の日程について決定したいです。他にも何か話しておくべきことがあるでしょうか？　よろしいようですね。おそらく30分ほどでこれらの項目を網羅できるでしょう。ご予定は大丈夫でしょうか？）

わずか10秒足らずで語られた話ですが、その何とも優れた特徴についてお気づきいただけたでしょうか？　話が組織立っているという点に、多くの方が気づかれたかもしれません。

確かに結果としてそうなっているのですが、その前提として横たわっているものは何でしょう？

それは話し手が「これからの話の内容・流れ・時間を聞き手が

100％理解できるように導くのは自分の役割だ」と心得ていることです。

つまり、話し手はビジネス・プロフェッショナル意識を持っているのです。

なかなか気がつきにくいのですが、話し手が自分の話をよく理解できるように聞き手を誘導することは、ビジネスにおける重要な職務の一部であると言っても過言ではありません。なぜなら、最高の自信作である商品の説明が長すぎて顧客の注意が散漫になったり、社運を賭けたプロジェクトの骨子がビジネスパートナーに間違って伝わったり、管理職の部下に対する指示が曖昧に理解されたりしては、職務を全うすることは絶対に不可能ですから。

この聞き手への誘導の役割を果たそうとして、Mさんが使用したのがロードマップなのです。

話の内容・流れ・時間を聞き手が100％理解できるよう導くのは、話し手の役割だ。

---

2. ロードマップとは?

ロードマップとは、話（会話、会議、プレゼン）の冒頭で述べる主要トピックについての短い説明であり、聞き手と共有する時間で取り扱う事項を知らせる目的で使用されます。

「道路地図」という訳の通り、（話の）旅程について、どの道を通り、どこに立ち寄り、最終目的地はいずこかを知らせるものと考えていただいて構いません。

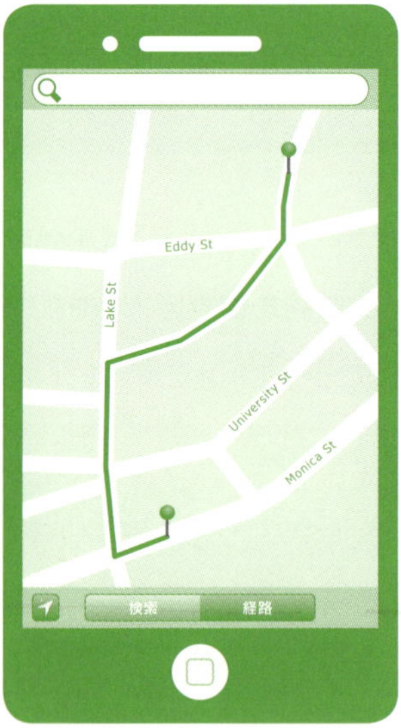

前出のMさんの例では、下線で示したように「助成金の条件」「プログラム構成」「日程の決定」と話題を進めていき、約30分後に話し合いは最終目的地へ到着する予定であることが告げられています。

ロードマップは1980年代にマイクロソフト社によって開発されたプレゼンテーションソフトウェアである「パワーポイント」の普及に伴って発達した、「プレゼンテーションを組織立てる技術」です。その成り立ちから、一般的にはプレゼンテーションの冒頭部の15～30秒で行う、「これから何が話されるかを口頭やスライドで紹介したもの」と理解されています。

しかし実際には、パワーポイントスライドを使ってプレゼンしたり、会議をリードしたりといった機会がなくとも、意思の疎通をはかる効果的なコミュニケーションを目指すならば、ロードマップは日常的な一対一のビジネス会話においてさえも必需品なのです。

ロードマップは、懐石料理のお品書きのようだと考えていただくといいかもしれません。

このお品書きのおかげで、レストランと客の間に透明性が生まれることを感じていただけるでしょう。何種類の料理が出てくるのか、次の料理は何か、何が最も期待できる内容なのかが、一目瞭然に分かります。また後で自分の好物が出されると知っているおかげで、前の料理を全部食べずにおくといったコントロールもできてしまいます。デザートを頂くまでにかかる時間もおおよそ見当がつくのではないでしょうか？　「もし、懐石料理にお品書きがなかったら…」と想像していただければ、ロードマップの重要性もご理解いただけるでしょう。

ロードマップは会話の経路、所要時間、最終目的地を聞き手に知らせ、透明性を確立するツールだ。

3. ロードマップの底知れない威力

米国フォーチュン100社における、ビジネス現場での苦情ナンバーワンとは何でしょうか？

それは、「無秩序なプレゼンやプロジェクトミーティング」です。

人々は、ポイントが欠如した会議に出席したり、電話で筋道立っていない話につき合わされたり、話し手が自分の頭の中だけで理解している段取りにのっとって当てもなくさすらうようなプレゼンで時間を無駄にしたりするのは、こりごりなのです。

でもロードマップを作ることさえ習慣づければ、ビジネスが簡単に陥ってしまうこのような問題は一気に解決されます。また、すでに触れたように、ロードマップはあなたのコミュニケーション能力を、ビジネス・プロフェッショナルとして不可欠なレベルへと底上げしてもくれるのです。

具体的には、話し手と聞き手にとって、次のような素晴らしいメリットがあります。

▶ 話し手にとってのメリット

- 自分自身に、話の内容を計画したり優先順位をつけたりすることを、前もって課することができる。
- 複雑な話題でも上手に段取りする、あるいは組織立てる能力があることを、聞き手に示すことができる。

▶ 聞き手にとってのメリット

- 話の目的や成果に関する予想図を持つことができる。
- 時間を費やしても価値ある話を聞いたという満足感を得ることができる。
- 話の内容が記憶により長く残る。

そう、ロードマップを作る習慣が、コミュニケーションとあなた自身を大変身させることは簡単にご想像いただけるでしょう。

そもそも無意味だったり、ダラダラと続いたりする話というのは、計画性がない混沌から生じます。そういったガールズトークは、女性がストレスを発散するためには有意義でしょうが、ビジネス遂行にとっては敵です。

話の前に少なくとも頭の中でさっとロードマップを描く習慣をつけると、会話からプレゼンまで話の内容の優先順位がおのずと浮かび上がり、組織的に計画することが可能になります。その結果、あなた自身の有能さも際立つことになるでしょう。

またロードマップを示すことで、聞き手は明確な話の目的や成果について話の冒頭で展望できます。フォーマルなプレゼン以外では、聞き手が積極的に参加して、その展望を調整する、あるいは修正するよう提案することもできます。すると話し手、聞き手が共にゴールに向かって進んでいくことになるので、満足感の高いコミュニケーションが可能になるのです。

さらにロードマップによって、話の要点が繰り返されることになりますから、長いプレゼンや込み入った会話内容であったとしても、聞き手の理解度と記憶度が必然的に高くなります。

ロードマップは話し手と聞き手両者にメリットがあり、ビジネスを無秩序や混沌から救い出してくれる。

会議は、知能を害している！

ダラダラと続く会議や目的が定まっていない会議も問題だが、もしあなたが入社してまもない社員だとしたら、会議はさらに要注意だ。

2012年に出版された英国雑誌 *Philosophical Transactions of the Royal Society* によると、会議には知能を下げてしまう可能性がある。この研究では、5人規模での10分間の小会議前後における知能についてIQテストと頭部MRI検査を用いて評価比較した。

その結果、自分以外の会議参加者の肩書きが上だったり、知能が高かったりという場合は、IQが126レベルであったとしても、会議中に知能低下が見られる。具体的には、認識力、決断力、解決力といった知力が10％も落ち込んでいた。

考えられる原因と言えば、新参の社員が会議から実質離脱してしまって、他の人たちにすべてを託してしまったからだろう。

会議からこのような害をなくすには、いったいどんな努力をすべきか？

- すべての出席者が平等に扱われるようにする。

- 新人社員の意見もCEOの意見と同様に真剣に耳を傾ける。
- 会議室からステータスや肩書きが明らかになるようなものは排除したり、肩書きが上の者が中心に座るような席次をやめたりする。

以上の他にも、新人社員にはぜひこの言葉を贈りたい。

「新人であっても自信を持て！　才能が認められて入社したのだから」

4. ロードマップの作り方は、驚くほど簡単

この章ですでに説明した「利益の陳述」の後で、10秒からどんなに長くとも1分くらいでロードマップを述べることになりますから、あなたの話の骨子を事前に考えておくといいでしょう。

ロードマップの説明にかかる時間は非常に短いですが、話の最大の山場のひとつですから、特に命運がかかったプレゼンや人生を左右する話し合いでは、正確にしかも流暢に言えるようにリハーサルしておくことに越したことはありません。

もしもパワーポイントスライドを使用するプレゼンであれば、ロードマップを説明したスライドを作成し、冒頭で聞き手に見せるだけでなく、プレゼン内容の転換点で繰り返し示し、聞き手に進行状況を思い起こさせるようにすると、より密なコミュニケーションが達成できるでしょう。

ロードマップの作り方は、あなたが思っているよりもはるかに簡単です。というのは、優れたテンプレートがあるので、それに当てはめてしまえばいいからです。

ここでは、プレゼンと会議や会話で使えるロードマップのテンプレートをご紹介しましょう。

▶ プレゼンで使用できるロードマップテンプレート

- My talk is divided into three parts. First we examine (Message 1 Title), where we will see that (message 1 summary).
（私の話は3つの部分から成ります。最初に〔メッセージ1のタイトル〕を吟味し、〔メッセージ1の要約〕がお分かりいただけるでしょう）

- Then we will turn to (Message 2 Title), and I will cover (message 2 summary).
（それから〔メッセージ2のタイトル〕に移りまして、〔メッセージ2の要約〕についてお話しします）

- In the third part of the talk, we will look at (Message 3 Title) and consider (message 3 summary).
（話の3番目の部分では、〔メッセージ3のタイトル〕に目を向けまして、〔メッセージ3の要約〕について考えていきます）

- Finally, I will offer some concluding remarks and welcome any questions or comments.
（最後に結論を申し上げまして、質問やコメントを歓迎したいと思います）

このテンプレートを実際に活用するためには、まずプレゼンを内容的に区切りの良いところで3つくらいに分けましょう。分けたそれぞれのメッセージに短いタイトルをつけ、内容を要約する短い句を準備してください。

テンプレートに例を当てはめると、次のようになります。

- **My talk is divided into three parts. First we examine** our new product design, **where we will see that** the design's usefulness has increased greatly.
  （私の話は3つの部分から成ります。最初に〔新商品デザイン〕を吟味し、〔デザインの実用性が非常に高まったこと〕がお分かりいただけるでしょう）

- **Then we will turn to** sales goals, **and I will cover** our target for revenue growth over the next two years.
  （それから〔販売目標〕に移りまして、〔向こう2年間に目標とすべき収益成長〕についてお話しします）

- **In the third part of the talk, we will look at** marketing model **and consider** the advantages of a multi-channel distribution system.
  （話の3番目の部分では、〔マーケティングモデル〕に目を向けまして、〔複数経路の販売システムの利点〕について考

えていきます）

- **Finally, I will offer some concluding remarks and welcome any questions or comments.**

▶ 会議や会話で使用できるロードマップテンプレート

So in our meeting today, there are just a few things I hope we can discuss.

（さて本日のミーティングでは、2、3のことについて話し合えたらと望んでおります）

⬇

I'd like to ...

（…したいと思います）

⬇

then ...

（それから…）

⬇

and finally ...

（そして最後に…）

⬇

I expect that everything will take about ... minutes.

（…分ほどですべてが終わる予定です）

⬇

> Does that sound ok?
> （いかがでしょうか）

このテンプレートに例を当てはめると、次のようになります。

> **So in our meeting today, there are just a few things I hope we can discuss. I'd like to** update you on the progress of our project, **then** get your advice about a staffing problem, **and finally** see if we can make a decision about next month's schedule. **I expect that everything will take about** 30 **minutes. Does that sound ok?**
> （さて本日のミーティングでは、2、3のことについて話し合えたらと望んでおります。プロジェクトの最新の進捗状況をまずお知らせしたいのと、スタッフ配属の問題についてアドバイスをいただきたいです。そして最後に来月の日程を決定できるかどうかを考えたいと思います。30分ほどですべてが終わる予定ですが、いかがでしょうか？）

ここでは "Does that sound ok?" を "Is there anything else we should be discussing?（他に話しておくべきことはありますか）" あるいは "Was there something more you wanted to add?（つけ加えたいことはありますか）" に変えることもできます。

プレゼンはもちろん、会議やちょっと複雑な会話でもロードマップを利用するだけで、瞬時に整然となることをご想像いただけたのではないでしょうか？

テンプレートに入れるだけで、プレゼン、会議、会話をたちまち組織立てるロードマップが完成する。

私がビジネスコミュニケーションを教えていると、「話をどうするかというノウハウよりも、内容が良ければいいんじゃないんですか」と質問してくる人がいます。ところがそんな人がプレゼンしたり、意見を述べたりする時にかぎって、何がポイントなのか分らない、話がいつ、どのように終わるか検討もつかない、だから聞き手のストレスとなるばかりか時間を浪費させてしまう、といったことが往々にして起こります。

非常に残念なのは、「確かに内容は優れているかもしれない」という点です。でも、それが結果として誰にも伝わらない。

こうした質問をする人は、卓越した内容であっても、聞き手に理解されなければ価値がないということを忘れてしまっているんですね。あなたが言いたい素晴らしいことが100％に限りなく近く伝わってこそ、内容やあなた自身が賞賛される確率が高まるのです。

ですから伝える努力は、先にお話した「利益の陳述」や「ロードマップ」を含め、万全を尽くして損はありません。

1-3 「標識」の有用性に敬意を払ってみる

1. 会話でこそ「標識となる言語」を使用する意義

ここまで来たら、あなたの話は「利益の陳述」によって求心力を得て、「ロードマップ」によって組織立っています。これで有能なビジネス・プロフェッショナルとしての態勢は整いました。目の前の聞き手は、あなたを見つめながら非常に大きな期待に胸を膨らませ、まんじりともしない状況です。

さて、どうしましょう？

実はここからが、ある意味で本当の勝負です。

態勢だけで成功してしまうなら、政治も会社も結婚も失敗知らずでしょう。態勢を整えたところで、きめ細やかなケアを続けていく、これはウィニングゲームに不可欠なのです。

このことはコミュニケーションにおいても同様で、聞き手があなたの話の内容を理解できるように、きめ細やかに案内していくことが必須です。

母国語で話す場合はさておき、英語で話す場合は、この案内部分が欠落してしまう方が非常に多いのです。特にアジアの方々に目立った問題です。

事実、私はアジアの人と話す時にクラクラする思いを味わうことが少なくありません。たとえるなら、映画「007」シリーズで敵から身を守るために車やボートやヘリコプターを使って逃げまくるジェームズ・ボンドの助手席に乗せられている感じです。行く手知らずで、急発進に急ブレーキ、予期せぬ左折や右折の連続、水に潜ったかと思うと空を飛ぶ、しかも最終到着地は高級リゾートホテルの一室、そこで美女がお出迎えというあり得ない展開です。この筋書きは、エンターテイメントとしてはスリル満点ですが、コミュニケーションとしてはまったく歓迎されません。

例で見ましょう。次の２人の話を何の先入観も持たずにさらっと読んでみてください。

A The Korean client asked for a quicker timeline for the marketing. Given the holiday shopping period, the request seems reasonable to me. The meeting with our Korean client went well. And all legal expenses should be paid by us. I asked for an estimate of the legal fees for the first year. They were very happy with most aspects of our proposal.

（韓国の顧客がマーケティングのスケジュールを早めてほしいと言ってきたんです。休暇中のショッピングシーズンを考えれば、その要求はもっともだと思います。韓国の顧客とのミーティングは上手く行きましたよ。それと弁護士費用はすべて私たちが負担するべきです。初年度の弁護士費用の見積もりを頼んでおきました。彼らは私たちの提案の大方について、とても満足していました）

B In my view, the meeting with our Korean client went well. In brief, they were very happy with most aspects of our proposal. But there are some difficulties. For instance, their marketing team asked for a quicker timeline. To comment on that, I feel the request is reasonable, given the holiday shopping period. In addition, they want us to pay all the legal expenses. Consequently, I asked them to get an estimate of the legal fees for the first year.

（私の見方では、韓国の顧客とのミーティングは上手く行きましたよ。手短かに言えば、彼らは私たちの提案の大方について、とても満足していました。でも難しい点もあり

> ます。例えば、マーケティングチームがスケジュールを早めてほしいと言ってきたんです。それについてコメントすると、休暇中のショッピングシーズンを考えれば、その要求はもっともだと思います。加えて、彼らは弁護士費用をすべて私たちに負担してほしがっています。そこで、初年度の弁護士費用の見積もりを頼んでおきました）

いかがでしょうか？　まったく同じ内容を伝えようとしているのに、Ａさんの話し方はまさにジェームズ・ボンドの逃亡スタイルであることをご理解いただけたでしょうか？　まったく予想がつかない展開で、意味を取るにも余計な時間を要します。

それと比較すると、Ｂさんの方は圧倒的に分かりやすい話し方です。

その原因は、Ｂさんが文の冒頭で話の筋道を表す標識の役割を担う言葉を用いながら聞き手を案内してくれていることにあります。この言葉は、ディスコースマーカーとも呼ばれていますが、私は「標識となる言語」と呼んでいます。

Ｂさんが使用している「標識となる言語」だけを取り出してみると、話の展開が驚くほど明瞭であることが実感できるでしょう。

In my view ➡ 私の見方では
In brief ➡ 手短かに言えば
But there are some difficulties ➡ でも難しい点もあります

For instance	➡ 例えば
To comment on that	➡ それについてコメントすると
In addition	➡ 加えて
Consequently	➡ 結果的に

すでに「標識となる言語」についてご存知の方もいらっしゃるに違いありません。

現に大学受験の英文読解問題に備えて、かなりの数の「標識となる言語」を暗記したという方にもお会いしたことがありますが、スピーキングではほとんど使用していらっしゃらないので、「なんてもったいないのだろう。これでは宝の持ち腐れだ」と思ったことがありました。

実は「標識となる言語」は、プレゼンではもちろんですが、会話でこそ使用していただきたい技術です。 ☆!!

なぜなら書き言葉であれば、時間をかけて読み返すことが可能ですが、話し言葉は1回で相手に理解してもらえるのが理想なため、話し手がきめ細やかに案内することの価値をずっと高く感じられるからです。それに実際に会話で使用すると、聞き手ばかりでなく、話し手にも大きなメリットをもたらすことができます。

▶ 聞き手にとってのメリット

- 話し手の次の論理展開が分かる。
- 話し手の次の文や考えを聞く準備ができるだけでなく、

それに対する自分の応答をまとめることもできる。

- 記憶に残りやすくなる。
- 英語の文法や発音や構文に多少誤りがあっても克服して理解できる。

▶ 話し手にとってのメリット

- 先を考えながら話すことができる。
- 各アイディアが符号し合って一貫性を持つ。
- 話全体として組織立つ。

聞き手のためのメリットについてですが、文の冒頭を聞くと論型（比較、反論、列挙、言い換えなど）が察知でき、論理の展開の予測がつきます。例えば "For example," と聞けば、聞き手は「ああ、前に述べられたことが真実であることを示すために例証を述べるのだな」と分かりますから聞くための心の準備をしたり、「自分もこんな例を知っているけれど、話し手は知っているかな」とか「あの例を含めたらちょっと信頼できないな」などと思索したり、さらには次の自分の発言について考え始めることさえ可能になります。

また「標識となる言語」には、話の内容を聞き手の記憶により長く残す働きもあります。このことは1995年に香港市立大学における研究によって立証されています※。

※2つのグループに分けた学生の6つの講義に対する理解度を、「標識となる言語」を使用した場合と使用しない場合について評価比較したところ、不使用の場合は記憶に残っていた内容が40％も少なかったことが発見された。

さらに素晴らしいのは、「標識となる言語」を使えば、たとえ英語の文法や発音や構文に自信がなかったとしてもそのハンデを補ってくれるという点です。

また、話し手にとっても使わずにはいられない価値があります。「標識となる言語」を使うと必然的に先を読むことが強いられますから、思いついたことを話すという、自己本位の話し方に別れを告げることができると申し上げてもいいでしょう。

また述べるアイディアの間に符号性が出てくることで、話に一貫性が生まれて筋が通ります。その結果として、話全体が組織的になります。

というわけで、英語コミュニケーションで使わない手はないのが、「標識となる言語」なのです。

「標識となる言語」は会話で使用してこそ、
真価が発揮され、英語の弱点を補強してくれる。

「標識となる言語」は、聞き手の脳活動を節約する

言語情報処理を脳のMRI（Magnetic Resonance Imaging）から調べる研究によって、文が相互に関連して話に一貫性がある場合、聞き手がより簡単に話を理解できることが実証されている。

米国タフツ大学とマサチューセッツ総合病院は、脳の血流量を測定する脳機能イメージング法を使って、一貫性の程度が異なる3つの話を聞いた際の人間の脳の活動量について共同研究を行った。

話に一貫性がない場合に、聞き手の脳は話の欠けている部分を探して理解しようと努力するために、激しい活動が見られることが知られている。

この研究で興味深いのは、最も激しい脳活動が見られた、つまり聞き手の聞く努力を最も要したのは、一貫性が多少残された話に対してだったことである。一貫性が多少残されている話というのは、単純な「標識となる言語」（and, so, then など）を使用してアイディアをつなぐのと同じような条件と言える。

それに対して脳活動が最も少なかったのは、話に高い一貫性があった場合と、まったく一貫性が見られなかった場合だ

った。後者についての意外性は、話し手があまりにも関連性のない文を羅列していたために、脳が非常事態と認知し、話に欠けている部分をつなぎ合わせる努力をあきらめてしまった結果と推測される点だ。

相手に「聞き取るのが難しい」と感じさせる要素は、発音の問題だけではないことをご理解いただけただろうか？

一貫性レベルが異なる話が聞き手に要した努力

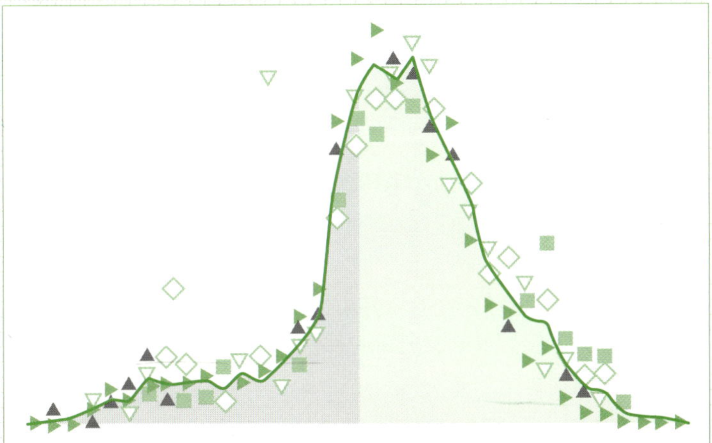

論理展開がわかりやすく、一貫性があり、In my view, In brief, For instance, In addition, Consequently などの「標識となる言語」が話を組織立てている話し方

and, so, then など単純な「標識となる言語」でアイデアをつなぐような話し方

あまりにも関係性がない文の羅列で話す人の話し方を聞いてる人の脳は、あきらめモード。

2. まず使ってみたい「標識となる言語」

皆さんの多くが使っていらっしゃるであろう “and, so, then” なども、単純ではありますが「標識となる言語」です。

でもコミュニケーションを効果的にするためには、前項の会話例のように、各論型（比較、反論、列挙、言い換えなど）の「標識となる言語」を用いることが必要です。

「標識となる言語」は膨大な数に上り、それを論形ごとに分類して掲載しているリストも手軽に入手できると思います。ただ「標識となる言語」というのは、暗記すればすぐに使えるというものではありません。

というのは、「標識となる言語」を実際に使用できるようになっていく過程では、文を言い始めるのに時間がかかるからです。前に述べた考えと次の考えの関連性を頭の中で認知するという新しい思考習慣を身につけていくのですから当然でしょう。

でもしばらくすると、このぎこちなさは解消されて、スムーズに論理的に考えがつながっていきます。

ここでは「標識となる言語」を増強する過程における初期の困

難を乗り越えるために最も簡単に使えるものと、ビジネスパーソンに頻繁に使われている少し長いものをご紹介していきましょう。

「標識となる言語」を最も簡単に使うには、あなたがこれから送りたい合図を説明する動詞を用いるといいでしょう。ですが、ただ “I want to say ...” と言うのではなくて、もっと正確で説明的な動詞を使う必要があります。

次に挙げる「標識となる言語」のリストは基本的な動詞を使った短いものですが、標識としての説明効果は抜群ですので、慣れない人には最適です。動詞の意味を押さえられているか確認したら、これらの75%を使って、例えばあなたの趣味や気に入っているレストランについて話す練習をしてみてください。

▶ 最も簡単に使える「標識となる言語」

To start with, ... ➡ まず初めに
To explain, ... ➡ 説明すると
To demonstrate, ... ➡ はっきり示すと
To compare, ... ➡ 比べると
To clarify, ... ➡ 明確にすると
To add, ... ➡ 付け加えると
To repeat, ... ➡ 繰り返すと
To expand, ... ➡ もっと言うと
To comment on that, ... ➡ それについてコメントすると
To respond, ... ➡ 応えると
To return to X ➡ Xに話を戻すと

To move on, ... ➡ 次に
To summarize, ... ➡ まとめると
To conclude, ... ➡ 結論としては

標識のフォーマルとカジュアル

標識とひと口に言っても、法律で定められた道路標識から、公共サービスの情報標識や家族で設けた矢印まで、さまざまである。「標識となる言語」についても文脈に応じて、洗練された単語と共に使って知性を匂わせたり、フレンドリーでカジュアルな会話にしたりすることができる。ぜひ使い分けてみよう。

フォーマル	カジュアル
To exemplify, ... （例示すると）	To give an example, ... （例を挙げると）
To augment that, ... （補足すると）	To piggyback on that, ... （付け加えると）
In juxtaposition, ... （比較すると）	In contrast, ... （それに対して）

「標識となる言語」は、短いフレーズだけと思われている方も少なくないでしょう。でも実は、ビジネスパーソンに頻繁に使用されている「標識となる言語」には文も含まれています。

これらの文は話の方向を明確にしたり、変更したりする機能を持ちます。

▶ ビジネスパーソンが好んで用いる「標識となる言語」

ポイントを強調する

➡ 次に述べるアイディアに特別な注意を払ってほしい時

- Here's a key point.
  （ここが大事な点なのです）
- This next point is important.
  （次の点が重要なのです）

アイディアの強調を抑える

➡ より重要ではないことを伝える

- Here's a secondary consideration.
  （2番目に重要なことがあります）
- I'd like to bring in a minor point.
  （あまり重要でない点についてもお話ししたいです）

アイディアを再び述べる

➡ 相手が理解に苦しんでいると感じた時

- Let me put it in another way.
  （他の言葉で言い換えましょう）
- The point I'm trying to make is ...
  （私がお伝えしたい点は…）

コメントを述べる、あるいは相手を遮る

➡ 他の人が話している最中に

- Could I just make a comment?

  （ちょっとコメントしてもいいでしょうか）

- I have a quick comment/question.

  （ちょっとコメント／お尋ねしたいのですが）

制約を認める

➡ 何かの問題について説明したい時

- But there are some difficulties.

  （でも難しい点もありますね）

- Now some challenges exist.

  （さて、課題もありますね）

話題を転換する

➡ 次の話題に移ることを促したい時

- Having talked about X, let me now turn to Y.

  （Xについて話したので、Yに移りましょう）

会議で「標識となる言語」を使ってみたら、がぜん効率的になることをご想像いただけるのではないでしょうか？

事実、会議で起こる誤解の主たる原因のひとつが、「標識となる言語」の欠如だと言われています。

こうした会議で起こる誤解は、話し手がまずどんな考えを話し、次に何の考えにつながるのかを明らかにできる「標識となる言語」を使う努力をしないために、コミュニケーションの究極の目的を見失ってしまうことで発生しているのです。

聞き手は、"What's your point?"と心の中で叫びながら、話し手の伝えたいことを推測することを強いられたり、理解できないままで我慢したりということがたびたび起こります。上司に「お話の要点は何ですか」とは、とうてい聞けませんし。

だから、あなたから始めてみてください。

必要なのは、ほんの少しの努力です。にもかかわらず、あなたのコミュニケーションはすべての人に歓迎されるだけでなく、話すたびに会社、学校、社会に正のインパクトをふりまくことでしょう。

ではまとめとして、このセクションに登場した「標識となる言語」を使った、あるビジネスパーソンの会議での発表を読んで、その威力を堪能してみてください。

> I am working on the new website. But there are some difficulties. To start with, we need to take new pictures of our products, so that they all have a blue background. In addition, we should update the description of our company history. To clarify, our present description makes no

mention of the record sales we had last month. To move on, here is a key point. The legal team wants to change the privacy statement to include social media submissions by our employees. To expand, our employees will be restricted from mentioning customer names as they are tweeting, blogging, or using Facebook. Let me put it in another way: all employees will need to sign a promise that they will never reveal customer information on the internet. To summarize, we'll need pictures, updated history, and a new privacy commitment from employees.

（新しいウェブサイトを作っているんですが、難しい点もあります。まず初めに、背景をすべて青色にそろえるため、わが社の商品の写真を新たに撮る必要があります。加えて、会社沿革の説明文を最新のものにするべきですね。明確にしますと、今の説明文はわが社が先月達成した最高売上について何も触れてないんです。次に、ここが大事な点なのですが、法務チームが個人情報の保護方針を、従業員によるソーシャルメディアへの投稿を含むものに変更したがっています。もっと言いますと、従業員はツイッター、ブログ、フェイスブック上で顧客の名前を挙げることはできなくなるんです。他の言葉で言い換えましょう。つまり、すべての従業員は顧客情報をインターネット上で決して明かさないという誓約書に署名しなければならなくなります。まとめますと、写真、最新の会社沿革、従業員による個人

情報に関する新たな誓約が必要なんです）

「標識となる言語」は、その威力を実感すると、
使わずにはいられなくなるものである。

ここまでお読みくださった皆さんには、「利益の陳述」「ロードマップ」「標識となる言語」の重要性をご理解いただけたかと思います。

この３つの技術を実践することで、話し手本位で内にこもっていた話から、聞き手本位で外向きに影響力をもたらす話へと、まさに180度の革命的な方向転換が遂げられることになります。

英語ビジネスコミュニケーションにおける話し手側の「三種の神器」と言ってもいいでしょう。

あまり英語を話すチャンスがない方は、まずは日本語で試してみても十分効果を感じていただけるはずです。最初はかなり意識的に使用する努力が必要です。でも幸いなことに、この学習過程は実に楽しいのです。なぜかと言うと、聞き手の好意的な反応が直接的に実感できるからです。

それと形は何であれ、人（聞き手）のためにボランティアをするという習慣は、あなたの心に爽快な風を吹かせてくれます。これらの３つのツールを日常的に使いこなせるようになった時、英語コミュニケーション上手であるばかりでなく、非常に民主的なあなたがいるはずです。

第2章

優れたビジネス英会話は、ピンポイントする単語から生まれる

SUCCESSFUL BUSINESS CONVERSATION
IS DRIVEN BY PINPOINTED WORDS

あなたを真にサポートしてくれる英単語を活性化させる

ビジネスシーンで自分の考えを伝えるのに十分な単語をお持ちですか？

私がお聞きしたいのは単語の数のことではなくて、ビジネスで真にあなたをサポートしてくれる単語を押さえているかどうかです。

面白いデータをお見せしましょう。次の表は、英語ネイティブスピーカーと日本人がビジネス会話や会議で実際に使用した単語について調査、比較したものです。それぞれが話した頻出単語トップ100を集計して、その中に含まれた動詞ランキングを上位から順に挙げてあります。

ビジネスシーンで英語ネイティブスピーカーと日本人が使用する頻出動詞ランキング比較表

ネイティブスピーカー	頻出単語トップ100における動詞ランキング	日本人	頻出単語トップ100における動詞ランキング
be	2	be	1
have	10	have	13
do	12	do	25
go	22	think	32
say	26	say	35

know	27	go	49
think	30	get	51
get	31	know	58
come	52	need	65
make	55	want	67
want	57	use	71
see	62		⋮
take	64		
look	82		
mean	83		
tell	88	動詞なし	
talk	90		
動詞なし	⋮ 100 ⋮		100
give	104		⋮
try	107	make	107

まず目を引くのは、この頻出単語トップ100の中にランクインした動詞の数かもしれません。ネイティブスピーカーのリストには17動詞がランクインしている一方で、日本人のリストでは11動詞に留まります。これはなんと、日本人が35%も少ない数の動詞を使って話していることを意味します。この傾向は、頻出単語トップ100だけに限ったことではなく、圏外を含めたデータ全体で顕著に見られる特徴として注目されます。

詳しく見ると、トップ10に入った動詞はその種類も順位も両者で似ていますが、それより下位に注目するといろいろと興味深いことが発見できます。

まず日本人は "use"（71位）を多用しますが、この動詞はネイティブスピーカーのリストには含まれていません。そして日本人の "use" の次の頻出動詞はというと、100位圏外の "make"（107位）まで登場しません。また "say" は両者のリストに入っていますが、「言う」という大まかな意味を限定できる "mean" "tell" あるいは "talk" といった動詞がネイティブスピーカーのリストには次々とエントリーしていますが、日本人のリストにはまったく含まれていないのです。さらにネイティブスピーカーは"get" と "take" あるいは "go" と "come" という対比的な意味を持つ動詞のペアを同じような頻度で使用しているのに対して、日本人は "get" と "go" を圧倒的に好んで用いていることが明らかです。

この調査比較から日本人の単語使用に関する特徴をまとめると、次のようになります。

- ビジネス会話の頻出単語は、ネイティブスピーカーと日本人の間に差異が見られる。
- 日本人は少ない数の動詞に依存して考えを述べている。
- 日本人は大まかな意味を持つ単語を多用して、あいまいに表現する傾向がある。

ちょっと学問的ではありますが、この調査結果は英語コミュニケーション力の効果的な向上と単語力の関係をみごとに証明しています。

そう、ビジネスシーンで自分の考えを十分に伝えるための早道は、単語数をランダムに増やしていくことではなく、中枢となる単語を選びながら話せるようになることです。

そもそも高校を卒業した方なら、頭の中で眠っている「見れば知っている」という膨大な数の英単語をすでにお持ちですから、それらを実際に使いこなせるように活性化していただくだけで、ビジネスではほぼ間に合ってしまいます※。ですから見たことがないような単語を蓄える必要性はとりあえずないでしょう。

※「ほぼ」と申し上げたのは、業界業種の専門用語ついては新たに学習していただく必要があるためです。

この活性化プロセスを遂行していく際には、手当たり次第ではなくて、合理的に組織的に選択することこそが肝要です。まずは実務レベルで役立つ動詞から押さえていくと、早々に圧倒的な話しやすさを体感できるため、あなたの単語学習を確実にジャンプスタートさせることができます。

この動詞のリストは、拙著『英語で考えるスピーキング――すらすら話すための７つの思考法』（ダイヤモンド社）に「英語コミュニケーション最頻出250動詞」として掲載していますのでご参照ください。

ピンポイントで描写する表現であいまいさを回避する

単語を活性化する際に、もうひとつ心に留めておいていただきたい重要なポイントがあります。

それは、大まかな意味を使ってあいまいに表現している自分の話に満足してしまわずに、あなたの考えを相手にピンポイントで伝えることができる単語を選択する努力を常に忘れないことです。

意味をピンポイントできる単語と聞くとレベルの高い単語のようですが、そうとは限らず、多くの場合 "say" の代わりに "mean" "tell" あるいは "talk" といった、やはり中学時代に習った単語を選ぶことであったりします。こうした努力をする習慣が、頭に眠っている単語を効率的に活性化するばかりか、新しい単語を獲得するためのきっかけとなってくれます。

それに正確性、透明性、スピードが求められる21世紀のビジネスでは、どう考えてもコミュニケーションのあいまいさは害です。あなたがあいまいであれば、あなたの伝えたいメッセージを相手に推測するように強いるわけですから、小さな勘違いから、上司や同僚や顧客の憤り、業務の遅延や停滞、社運をかけた交渉の決裂まで、ありとあらゆるリスクを内包していると言えるでしょう。日本では「遠まわしに言う」や「お茶を濁す」というあいまいさを尊ぶ文化がありますが、ビジネスパーソンとしてグローバルレベルで活躍していくためには、正確度の高い単語を選択する習慣は不可避と考えて間違いありません。

この章では正確度の高い単語選択を習慣づけるためのステップとして、ピンポイントで描写することが求められる２つのタイプのビジネス場面における重要表現をご紹介していきます。

同時に、あなたが無意識のうちに使用して相手を苦しめているかもしれない、グローバルビジネスでは不適当なあいまい表現を認識できるようにしていきましょう。

2-1 変化を説明できなければビジネスパーソンじゃない

1. あなたは変化をどう説明しているだろうか？

2011年8月からアップル社CEOを務めるティモシー・クックは、偉大すぎた故スティーブ・ジョブズの後任でありながら、すでにタイム誌では世界で最も影響力のある人物のひとりとして選出されています。実はCOO時代のクックには、将来のCEOとしての潜在能力を裏づけるようなエピソードがあります。カルフォルニア州クパティーノ市にあるアップル本社でのミーティング中に起こったことです。

アップル社中国部門担当者がクックに報告しました。

> We have a problem in China.
> （中国で問題が起きています）

するとクックは、

> Why are you here now?
> （なぜ今ここにいるんだ？）

と憮然とした顔で聞いてきたというのです。中国部門担当者は何も言えないまま会議室を退出し、そのまま空港へ直行して中国へと向かったそうです。

そう、21世紀における有能なビジネスパーソンの絶対条件のひとつは、変化に鋭敏で、その対処がスピーディであることです。

成功するビジネスパーソンの中には、財務諸表のごくわずかな変化から会社の将来を見通して、来るべき危機を乗り越えるために術策できる人が大勢います。CEOや管理職だけでなく、ビジネスパーソンの日常は大小の変化に溢れており、それに対して感度良く反応し、コミュニケーションし合うことによって理想的な企業文化が培われていきます。

変化というのは、ビジネスでは無視することのできない指標です。あなたがビジネスパーソンであれば、当然ながら、その指標について正確に表現することを避けては通れないのです。

例えばあなたが、好景気に沸くブラジル、リオデジャネイロの地下鉄セントラル駅と直結するショッピングセンターに出店準備をするプロジェクトのメンバーだとしましょう。

あなたは準備の一環としてセントラル駅の１日の利用者数を調査し、その結果をグラフにまとめました。そしてプロジェクトチームを前にして、今まさに発表しようとしています。さて、どのように利用者数の変化を説明しますか？　次のグラフだけを見ながら、ぜひとも挑戦してみてください。

ブラジル、リオジャネイロの地下鉄セントラル駅における利用者数

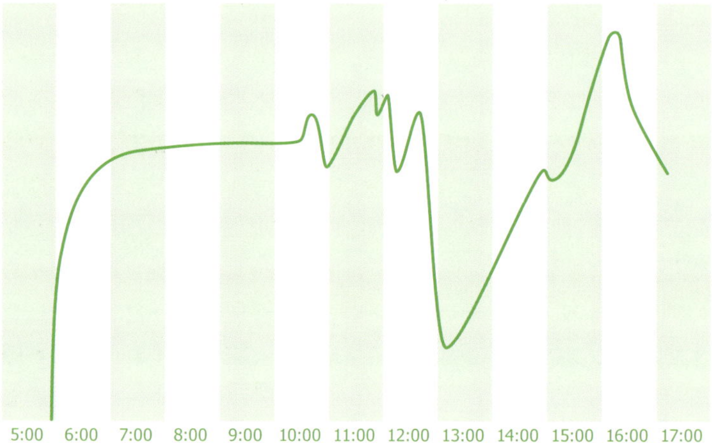

さて、どのような表現を使って変化を説明しましたか？

もしも次のように単純に "go up" "go down" だけに頼ってグラフの変化を説明していたとしたら、あなたは日本人が過度に依存している頻出単語トップ100の領域を超えることができずにいる状態です。

The number of Central Station users goes up around eleven o'clock in the morning.
（セントラル駅の利用者数は午前11時ごろにアップする）

The number of Central Station users goes down around noon.
（セントラル駅の利用者数は正午ごろにダウンする）

"go up（上がる）" "go down（下がる）" という句動詞は、フレンドリーな表現ではありますが、非常に意味の範囲が広いあいまいな表現でもあります。グラフの説明という文脈では意味が理解できますが、それにしても "go up" "go down" とだけ繰り返しながら変化を描写すると不確かさが蓄積しますし、かつ幼稚な感じが否めません。

それよりもやや正確にグラフの変化を描写できるのが、"rise（上がる）" と "fall（下がる）" です。ただそれでも、さまざまな異なる文脈に多用される単語であることは否定できません。"rise" も "fall" も 頻出度ランキングではそれぞれ 727位、1011位に入っているごくありふれた単語です。もちろん意味が正確であればランキングにこだわる必要はないですし、平凡な単語を使っても構わないのですが、ランキングが下位に行けば行くほど、意味がピンポイントされるというのは否応ない事実です。ですから、"rise" と "fall" だけに依存してしまうと、洗練さに欠けるのに加えて、変化の正確な特徴を伝え損ねてしまう可能性があります。

変化の特徴を正確に説明する簡単な方法としては、増加、減少が急速に起こっている時間帯について “rise quickly” や “fall quickly” を使用するやり方があります。

> The number of Central Station users rises quickly at six in the morning.
> （セントラル駅の利用者数は午前6時に急に上がる）
>
> The number of Central Station users falls quickly at noon.
> （セントラル駅の利用者数は正午に急に下がる）

これで正確度はかなり上がりましたが、ビジネスパーソンとしてはさらに的確な描写と単語のバラエティーが欲しいところです。その方法については、次にお話しましょう。

ありふれた単語に依存し過ぎると、
正確に伝わらない可能性がある。

---

2. 決め手はバラエティーと「ピンポイントする動詞」

小さな安定した変化を説明するには、すでにご紹介した動詞を含めて次に示すものが使用できます。

増加する

go up
rise
increase

減少する

go down
fall
decrease
decline

数も少ないですし、すでにご存知な単語ばかりでしょう。ですから1語、2語に依存するのではなく、すべてを使用できるようにして、バラエティーを出しながら変化を説明できるようにしていってください。そうするとあなたの説明は、丁寧にデータを描写している印象を相手に与えるので説得力が増しますし、洗練された響きを持つようにもなります。

上で扱った以外の動詞を使った例文も見ておきましょう。

> The number of users increases around 13:00.
> （利用者数は13時ごろに増加する）

After 16:00, the number of users declines.
（利用者数は16時より後に減少する）

さて、「変化の特徴」をより正確に描写するために最も優れているのは、いったいどんな方法でしょうか？

急速に訪れた変化を表現する "rise quickly" や "fall quickly" についてはすでに触れました。他にも "rise/fall sharply" あるいは "increase/decrease a lot" などで変化の特徴を説明することができます。

ですが実は、そうして動詞と副詞を組み合わせるよりも良い方法があります。

それが、下記のような動詞1語を使い分けるやり方です。

（大きく）増加する	**（大きく）減少する**
soar	plunge
surge	plummet
skyrocket	tumble

その理由は、ニュートラルな増減という意味の "rise/fall" あるいは "increase/decrease" に、副詞 "sharply/a lot" をつけるよりも、これらの動詞は1語で使えますから端的ですし、「大き

な増減」という意味がすでに内包されているので、変化をピンポイントで伝えられるからです。

さらなる利点として、頻出のありふれた動詞とは異なる力強い響きがあるので洗練されていて、ビジネスの躍動的な側面にも適しています。

厳密に見ていくと、"skyrocket" は "soar" や "surge" よりも大きな上昇に対して用いますし、"tumble" は "plunge" や "plummet" よりも小さな不規則な減少に対して用います。このようにさらにピンポイントする意味で使い分けることも可能なのです。

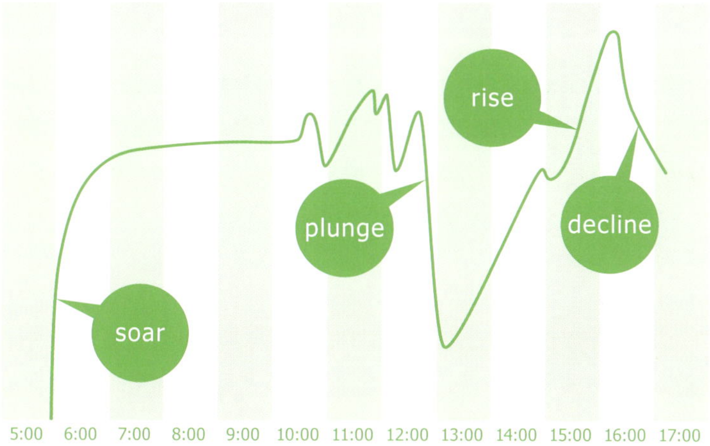

では、これまでに登場した動詞を用いて、グラフの変化を正確に描写してみましょう。ありふれた動詞1語に依存しないこと、

ピンポイントする動詞で変化の特徴を正確に説明することに注意してみてください。

> Here's what we found at Rio's Central Station. At six in the morning, the number of users soars. During the noon lunch time, the number of people going through the station plummets. At 15:00 we see a rise in the number of users, but this number declines after a peak at 16:00.
>
> （ここにリオのセントラル駅で発見したことがあります。午前6時に利用者数が急上昇します。正午の昼食時には、駅を行き交う利用者数が落ち込みます。15時に利用者数は上昇しますが、16時をピークにその数は減少します）

ピンポイントする動詞を選んだことで、自然とあいまいさが排除されています。また正確性が上がると理解しやすいと同時に、分析的なのでデータの説得力が増します。さらには単語のバラエティーによって、洗練度も上がったことを感じていただけたのではないでしょうか？

ここでご紹介した変化を表現する動詞を活性化したり、新たに獲得したりする際には、用法とコロケーション（通常使用される単語と単語のつながり）をぜひとも確認してください。私がお薦めするのは、主語である名詞に続く適当な動詞を手軽に調べることができるロングマンオンライン辞書*Longman online dictionary*（www.ldoceonline.com）です。例えば "prices"（価格）は、"soar, surge, skyrocket”と組み合わせられますが、“temperature（温度）”は通常“soar”につながり、“skyrocket”は使われることもありますが、“surge”に続くことは決してありませんので注意が必要です。

変化を正確に説明するには、動詞1語で
端的に描写するのが最も優れた方法である。

3.「ピンポイントする形容詞」はビジネスの必需品

政見演説で「change」「改革」「改正」などと声高に叫ぶのは、世界共通の政治家の常套句となっています。

具体的な政策を並べたとしても、いったいどのくらいのスケールで私たちの国や地域や個人生活を変えてくれるかについては言及せずに、あいまいのままで終わってしまう政治家があまりにも多く、私たちを絶望させます。

しかしビジネスパーソンであれば、そういうわけには行きません。経済と直結するビジネスは、結果至上主義ですし、小さな要素（例えばメーカー→一次卸業者→二次卸業者→販売店→消費者）が支え合って成立している世界ですから、正確かつ具体的かつ迅速な情報交換が必須となります。

ですから、あなたが「変化」について話す時には、変化の状況や重要性を相手に理解してもらうために、その変化は大革命なのか、あるいはちょっとした変更なのか、そのスケールについて述べることが極めて重要なのです。

変化の大きさについて話す時には、その度合いを大中小で分類した次のような形容詞を使うのが最も簡単です。

小 ←	中	→ 大
small	moderate	big
slight	noticeable	considerable
minor	some	major
marginal	noticeable	substantial
insignificant	moderate	significant

これらの形容詞を用いて、次のように変化の大きさについて説明することができます。

> Patients have experienced a significant increase in medical costs.
> （患者は医療費の大幅な増加を経験してきた）
>
> Summer brings a moderate change in the amount of work.
> （夏季は仕事量に中程度の変化がある）
>
> There should be a marginal decrease in sales next month.
> （来月の販売はわずかに減少するはずだ）

形容詞がどれだけ重要な役割を演じているかは、形容詞を除いてみると実感していただけるでしょう。まさに政治家の頼りない演説のようになってしまいますね。ビジネスパーソンであれば、あるいは未来を背負って立とうとする政治家であれば、形容詞でピンポイントしていきましょう。

さて、この変化の度合いの３段階を把握していただくと非常に便利ですから、ここでクイズをやってみましょう。

Q **下線部には、大中小のうち、いずれの度合いを表す形容詞が最も適当でしょうか？**

Imagine oil is $100 per barrel.

a. There was a ______ change in oil prices, with an increase of $2 per barrel.

b. There was a ______ change in oil prices, with a decrease of $50 per barrel.

c. There was a ______ change in oil prices, with a decrease of $10 per barrel.

A **a. 小　b. 大　c. 中**

p.86の度合い別に分類した形容詞の中から、どれでもお好きなものを選んでいただければ正解です。

変化の度合いを３段階で説明できれば、
あなたの情報は、正確性と同時に信頼性も増す。

---

4. その上、変化のスピードや頻度にも敏感になる

ビジネスでは、スピードが問われることは今さら言うまでもありません。

でもいったいビジネスではどんなスピードに、最も価値があるのでしょうか？　あなた自身は、何のスピードを心がけていらっしゃいますか？

一般的には作業の速さだと勘違いされているようです。現に「行け！行け！」とばかりに社員を急き立てたり、仕事の効率化をスローガンに毎日社員にスピードアップをあおったりする管理職も少なくありません。

ところがハーバードビジネスレビューに掲載された経済シンクタンクによる343社の調査によると、日常的に作業のスピードを求めていた企業よりも、戦術的なスピードアップを果たすために作業を遅速していた企業の方が総売上、営業利益とも高く、3年間で総売上平均40％増、営業利益平均52％増という結果が出ています※。

※ "Need Speed? Slow Down" *Harvard Business Review* (May 2010)

単に速く作業するという運営上のスピードよりも、質の高い商

品とサービスを提供するためにいかに時間を節約するかという戦術的スピードアップが企業成長の鍵であり、そのためには作業をスローダウンすることさえも効果的であることが証明されているのです。

というわけで、ビジネスにおけるさまざまな変化のスピードに敏感になり、その動きを明快に説明することは、ビジネスパーソンにとってはかなり重要だと言えるでしょう。変化のスピードについて形容するには、次のようなものがあります。

slow	moderate	fast
sluggish	gradual	rapid

左から右へ向かって、変化のスピードが速くなっています。中間に属するgradualは、厳密にはスピードの速さというよりは、速さが漸次的であるという質を表しますが、結果的には中間的なスピードを説明する際に頻繁に使用されますので含めておきます。

次の例文のように使用することができます。

> After releasing the new I-Phone, Apple experienced a gradual increase in complaints.
> （新型アイフォーン発売後、アップル社に寄せられる苦情に緩やかな増加がある）

We are seeing a sluggish rise in home prices.
（住宅価格に緩慢な上昇が見られる）

Women’s clothing styles change rapidly.
（婦人服のスタイルは急速に変化する）

変化のスピードに加えて、頻度についても３段階で使い分けると、話の正確性が上がります。

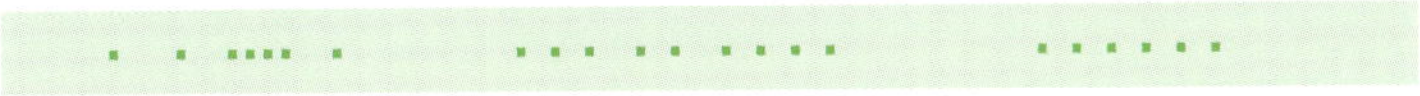

irregular	semi-regular	regular
sporadic	periodic	constant

例文で詳しく見ましょう。

Banks plan on regular increases in ATM fees.
（銀行はATM手数料の定期的な値上げを計画している）

上に挙げた単語は副詞としても頻繁に活躍してくれます。

Toyota is constantly changing the design of its small cars.
（トヨタは小型車のデザインを絶えず変更している）

また頻度というのは、問題の深刻さの程度を示唆することもできます。

次の "sporadic" が使用された例文では、必要に応じて会社方針が変更されているという意味が汲み取れます。

> There were sporadic changes in office policy.
> （会社方針は時折変更された）

下の例文は、すぐ上の例文と比べると、半定期的に会社方針を変更する必要がある、つまり何かの問題を抱えていることが推測できます。

> There were periodic changes in office policy.
> （会社方針は周期的に変更された）

さらに下の例文では、問題が深刻なために定期的に変更が繰り返されていた状況を示します。

> There were constant changes in office policy.
> （会社方針は絶えず変更された）

政治家は "fundamental change（抜本的な改革）" あるいは "unprecedented change（未曾有の変化）" といった表現を使って、いかに変化が斬新で影響力が大きいかをアピールします。これらの言葉をビジネスパーソンであるあなたが口にする時には、潜在的変化が真に新しく、前例のない場合だけに限って用いるべきです。

偉大なるビジネス成功者たち（ピーター・ドラッカー、ウォーレン・バフェット、ハービィ・ファイアーストーン、エリック・シュミットなど）がこぞって言うように、政治家には求めても仕方のない「信用」が、ビジネスパーソンにとってはかけがえのないものですから。

変化は、多種多様な形であなた自身やあなたの会社に訪れるでしょう。その変化を察し、そのタイプを分析し、人にピンポイントで説明する――それは紛れもなく、ビジネスパーソンであるあなたの重要ミッションの一部なのです。

変化の状態、度合い、スピード、頻度を正確に
伝えることは、ビジネスパーソンにとって不可欠だ。

2-2 原因を追究しなければビジネスパーソンである価値がない

1. 透明性の今、そして未来

21世紀は、透明性の時代と言われています。

ご存知の通り、ソーシャルメディアの隆盛を含めたインターネットの急速な成長によって、人、ビジネス、国のあり方が一変しつつあります。

この透明性を推進しているのは、主に2つの力です。まず、技術的な側面。従来は閲覧なんて考えにも及ばなかった膨大な量の個人情報や政府関係データベースに、簡単にアクセスできるようになった点です。

例えば、オフィスビル清掃業者を探していたところに、ある営業マンが会社にやってきて「ぜひともわが社にお任せください」と言ったとしましょう。前世紀であれば、パンフレットを吟味して、照会先に連絡を取ったり、役所に足を運んで適正に登録されている会社なのか、苦情は発生していないかなどを時間と労力とお金をかけて調査したりしたものです。

しかし今日のアメリカでは、これらの情報すべて、いいえ、それ以上がコンピュータを通して直ちにアクセス可能です。ツイッター、フェイスブック、ブログなどでは、そのオフィスビル清掃会社の公式情報以外の有用な隠れた情報も発見できるかもしれませんし、監督行政機関のウェブサイトからは、その会社の財務やライセンス状況も分かります。

さらに営業マン自身を怪しいと思えば、グーグルなどの検索サイトを通して、その人物の年齢、電話番号、学歴、友人、結婚履歴、所有する車種、所得税の支払い状況、免許証の有無、犯罪歴（5ドル支払う必要あり）がことごとく探索できます。かつては専門家に依頼して必要な場所に足を運び情報収集してもらい、1週間以上の時間と何千ドル以上のコストをかけていた作業です。それが、あっという間に目の前に表示されます。

もちろん国によって公的資料の開放度は異なるでしょうが、それでもこういった趨勢は明らかです。そう、プライベートに留めておける情報は減るばかりで、インターネットで入手可能な情報は加速度的に増えています。

透明性を推し進めているのは、今日の文化でもあります。

政府や企業や個人がその行動を秘密にすることが当たり前と思っていた過去と異なり、今や会社や上司のことから、商品紹介、料理した食事の写真までSNSやブログに載せるようになりました。特に政府に対しては、危機管理に関する情報をもっとオープンにするよう迫られています。危機が起これば、携帯電話のカメラ機能で現場の事実を簡単に記録して送信できてしまうので、隠しようがないというのが本当かもしれません。

ご存知のようにウィキリークスは、内部告発された企業の財務データから政府の機密情報である外交策略まで公開しています。ほとんどの文書は米国やヨーロッパ政府関連ですが、ビジネスについても多く含まれています。日本でも東日本大震災後に国民が政府に対し、放射線測定値に関する透明性を強く懇願する動きがあったことは記憶に新しいでしょう。あれほど空気も水も安全レベルだと繰り返していた政府も、そのデータをウェブサイトで公表せざるを得なくなったのです。ひとつの県が先陣を切れば、他県も追随しないわけにはいかなくなりました。

ビジネスにおける透明性は、アメリカ政府が相次ぐ企業会計スキャンダルに対処するために法制化したサーベンス・オクスリー法（略称SOX法；2002年制定；日本語では「企業改革法」）で主導、後押しされたと言っていいでしょう。その後、日本や他の産業国でも類似法案が採択されています。その目的は、企業が倫理、財務管理における高い基準を厳格に固守し、投資家や監督統制機関が企業の運営や健全性を検証できるよう透明性を追求することにありました。

このように、過去には私的な情報であった個人や組織の情報が、技術によって入手可能になったと同時に、社会的、文化的風潮によって露出されつつあります。つまり21世紀のグローバルビジネスの中核として、当然ながら透明性が期待されていることになります。近代経済で企業が成功していくには、企業情報や製品や組織のあり方についての情報を共有する必要があるのです。

この透明性の時代に参加するために、ビジネスパーソンはビジネス決定を行った原因となった企業方針、見地、製品などを正当化する事実や理由を顧客、同僚、上司、ビジネスパートナー、地域、社会、世界へ向けて明らかにすることが求められます。

あるパソコンメーカーのビジネス決定について考えてみましょう。

> World PC will change the batteries in its laptops.
> （ワールドPCはラップトップコンピュータのバッテリーを変更する）

この決定を受けて、今日の賢い消費者はその理由について勘ぐり始めます。もしワールドPCが “because the new batteries will last longer.（新しいバッテリーの方が長く持続するので）” と理由を述べたとしたら、消費者は「なるほど、この変更は技術的イノベーションのためか」と好意的に受け止めます。

ところが、バッテリー変更前の現行モデルを使っているユーザーが “my battery started to smoke,（私のバッテリーから煙が出た）” とツイートしたとします。そして、その後で他のユーザーが “my battery caught fire”（私のバッテリーに火がついた）とツイートしたとなると、どんどんリツイートされてしまうでしょう。

もはや大きなニュースとしてメディアに取り上げられるのも時間の問題となります。挙句の果てには “my-worldPC-is-on-fire.com” といった特設サイトまでできてしまうかもしれません（米国ではよく起こります）。結局、真実が白日の下に晒され、最初から下記のような透明性ある原因を伝えなかったことを後悔するはめになります。

> Safety concerns caused World PC to change the batteries in its laptops.
> （安全性の懸念が、ワールドPCがラップトップコンピュータのバッテリーを変更した原因である）

企業は消費者の信用を、「安全性の懸念」のために失うのではなく、ビジネス決定の原因を正直に告げなかったという消費者に対する「透明性の失墜」に対して、失うことになります。

この例は極端ですが、顧客、同僚、ビジネスパートナーなどに対して、ビジネス決定を伝える際には、透明性ある因果関係を示しておくことが非常に重要です。

そうでないと“バレてしまった時”にひどい目に遭いますし、便宜上の小さい嘘をつき始めると習慣になりますから。いずれにしても良い結果が生まれることはありません。

透明性の時代には、ビジネス決定の原因を正当化する事実や理由を明らかにすることが求められる。

---

2. 透明性ある因果関係を説明する

原因から結果に至る透明性を表現するために非常に役立ってくれるのが、「ピンポイントする動詞」です。

直接的な原因を述べる時、つまりある出来事や状況が直接的に原因を導いたことを示す場合には、次のような「ピンポイントする動詞」を使うことができます。これらの動詞はさまざまな状況で透明な因果関係を伝えることが可能ですし、大変役に立ちます。

直接的な因果関係を表す「ピンポイントする動詞」

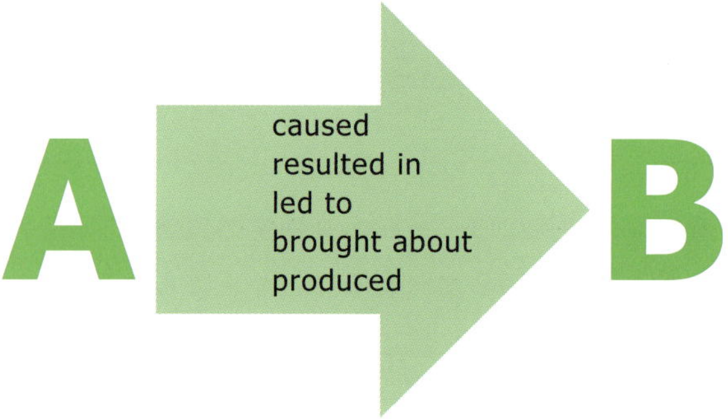

例文で確かめましょう。

> The road construction resulted in traffic delays.
> （道路工事が交通遅滞の原因だった）

Our magazine advertisement led to 1,000 new orders.
（雑誌宣伝で1000件の新規注文という結果がもたらされた）

The team meeting produced several good ideas.
（チームミーティングはいくつかの優れたアイディアを生んだ）

他の要素が絡み合っていて、原因と結果の関係が直接的でないこともあるでしょう。そういった関係をピンポイントするためには、次の４つの動詞が便利です。

直接的でない因果関係を表す「ピンポイントする動詞」

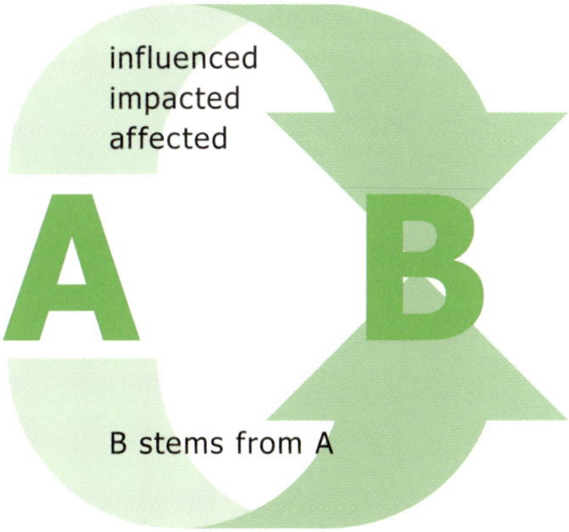

例文は次のようになります。

Suggestions from our technical staff influenced our

decision to upgrade the computers.
（技術スタッフからの提案がコンピュータをアップグレードする決定に影響した）

The higher consumption tax impacted car sales.
（消費税の値上がりは自動車販売に打撃を与えた）

This month's low productivity stems from poor time management.
（今月の低い生産性は不十分な時間管理から生じている）

他動詞については、受動態を用いて影響の方向を変えることもできます。

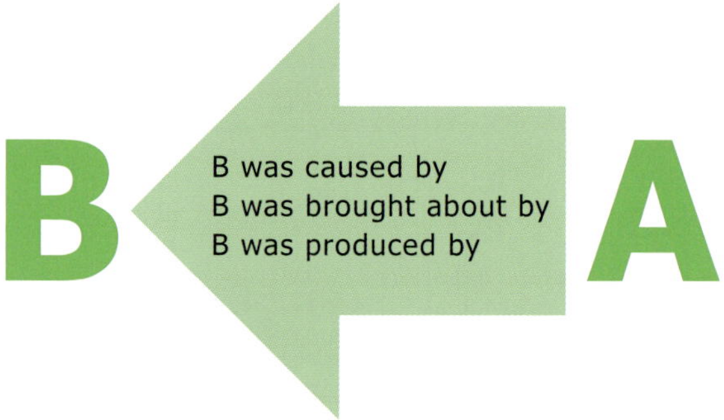

例えば、次のようになります。

The delay was caused by the illness of our designer.
（遅延はデザイナーの病気が原因だった）

Our budget shortfall was brought about by unexpected legal fees.
（赤字は予想外の弁護士費用によってもたらされた）

直接的あるいは間接的な因果関係を
「ピンポイントする動詞」で伝えられるようにしよう。

3. 透明性をここまで高める「ピンポントする動詞」

実際のビジネスでの因果関係は上記の例文よりもずっと複雑で、通常は原因や結果に関連した説明を補う必要があります。

そんな時でも「ピンポイントする動詞」を使う習慣をつけておくと、どんな状況も透明性を持って聞き手に伝えることができます。

例えば、あなたの会社ではボールペンに学校や企業のロゴを入れて販売しているとしましょう。

ひとりの投資家があなたに尋ねてきました。「私の娘の学校が発注したボールペンがまだ納入されていないようだが、いったいどうなっているんだね」と。さて、あなたの務めは、事態を隠したり歪めたりせずに対応し、しかも “We’re trying to get them as soon as possible.”（できる限り早くお届けするようにいたします）という常套句以上に気の利いた言葉を述べることです。

彼はあなたの会社の重要な投資家ですから、現状の原因については絶対的にきちんと説明したいところです。

次に２つの異なるバージョンの受け答えを挙げてみました。

投資家からの “What happened?” という問いに対して、Ａは一般的な動詞を使用しており、Ｂは「ピンポイントする動詞」を用いて説明しています。

比較して、違いを感じてみてください。

A. What happened?

Our television advertising campaign made[a] an increase in customers. The large number of orders made[b] a shortage of pens. We contacted the manufacturer, who said that the factory had[c] labor problems. The slow production was[d] a crisis for our company, and we looked for new manufacturers. We found one in Brazil and signed a contract. This partnership will have[e] several benefits, including faster delivery times and decreased costs.

B. What happened?

Our television advertising campaign led to[a] an increase in customers. The large number of orders resulted in[b] a shortage of pens. We contacted the manufacturer, who said that the factory had been impacted by[c] labor problems. The slow production caused[d] a crisis for our company, and we looked for new manufacturers. We found one in Brazil and signed a contract. This partnership will produce[e] several benefits, including faster delivery times and decreased costs.

A. (TV宣伝キャンペーンが顧客を増加させました。大量注文がボールペンを不足させました。製造業者に連絡すると、工場が労働問題を抱えていると言っていました。緩慢な生産は弊社にとって危機ですから、新しい製造業者を探しました。ブラジルで見つけて、契約を交わしました。この共同経営関係には、迅速な納品と低コストを含めいくつかの利点があるでしょう）

B.（TV宣伝キャンペーンが顧客増加へと導きました。大量注文が、ボールペン不足の原因です。製造業者に連絡をしたところ、かねてからの工場の労働問題が影響しているとのことでした。緩慢な生産は弊社に危機をもたらしましたから、新しい製造業者を探しました。ブラジルで見つけて、契約を交わしました。この共同経営関係は、迅速な納品と低コストを含めいくつかの利点を生んでくれるでしょう）

さて、鮮明な違いにお気づきいただけたでしょう。

Ｂの方が、断然論理的で明快です。Ａのバージョンですと、聞き手は話の大筋は理解できるのですが、各々の文のつながりが不明瞭です。例えば中間の "the factory had labor problems" は、大量注文の前からの問題なのか、大量注文のせいで起こった問題なのかが不明です。

Ｂの方は、いかに状況が展開して、要因がどのように関連し合っているかが分かりやすく、工場での労働問題が、製品供給不足に陥る前からすでに存在していたことも明らかです。

「ピンポイントする動詞」を使うと、因果関係だけでなく、状況の時系列や要因の関連性も明らかになってくる。

原因をピンポイントするための動詞を使用する際には、前置詞の使用法に注意が必要になります。次のクイズで確認しておきましょう。

Q

下線部に入る適当な前置詞を about, by, from, in, to から選んでください。ただし前置詞が不要な文もあります。

1. The employees were influenced _____ the attitude of their supervisor.

2. The newspaper story resulted _____ a surge of new customers.

3. The increase in stock prices was caused _____ lower interest rates.

4. Hot weather impacts _____ household water usage.

5. Changes in the software have led _____ several problems.

6. The changes to the tax law brought ______ a decrease in income tax.

7. The high demand for our product stems ______ better advertising.

8. The ticket discounts produced ______ higher than expected tour reservations.

A

1. The employees were influenced by the attitude of their supervisor.
   （社員は主任の態度に影響を受けた）

2. The newspaper story resulted in a surge of new customers.
   （新聞記事が新規顧客の急増という結果をもたらした）

3. The increase in stock prices was caused by lower interest rates.
   （株式価格の上昇は下落した利息が原因だった）

4. Hot weather impacts Ø household water usage.
   （暑い気候は家庭の水消費量に影響する）

5. Changes in the software have led to several problems.

（ソフトウェアの変更はいくつかの問題を起こした）

6. The changes to the tax law brought about a decrease in income tax.

（税法改正によって所得税が減少した）

7. The high demand for our product stems from better advertising.

（わが社の製品への高い需要はより良い宣伝に起因している）

8. The ticket discounts produced Ø higher than expected tour reservations.

（チケット割引が予想以上のツアー予約を生じさせた）

ここまで、変化を的確に描写し、因果関係を明瞭にするために、「ピンポイントする単語」の使い方についてご説明してきましたが、あなたのコミュニケーションをピンポイントする工夫はこれだけではありません。

例えば、「最新情報を与える」「証拠を明らかにする」「意味が不明確な単語を避ける」などの手段があり、これらを使ってピンポイントすることから生まれる透明性は、ビジネス会話に成功の刻印を押すようなものだと言っても過言ではありません。

というのも、世界は他人のあいまいさを看過できないほど複雑化しているからです。言語だけ変えたって、内容が悪ければ成功しないと疑念を抱く方もいらっしゃるでしょう。確かにそれは正論ではあるのですが、ピンポイントするコミュニケーションというのは不思議にも、言語の枠を飛び越えて、あなたのスピリットや感性までも刷新し、また仕事内容までも良質にしてくれるのです。

「そんな馬鹿な！」と信じられないあなたのために、例を挙げましょう。あなたは、オフィスビル清掃会社を探している最中です。さて、候補であるＡ社とＢ社の話を聞いてみることにしましょう。

A社 We are the leading provider of cleaning services, offer first-class results, and use best practices in all our work.

（弊社は清掃サービス業界上位のプロバイダーで、第一級の結果を提供し、すべての業務で最も効率の良い手法を用います）

B社 We can do a great job for you, and we invite you to look at our customers' comments on Facebook, see pictures of our work at other companies, and read about the qualifications of our staff on our website.

（弊社は御社のために優れた仕事をします。弊社の顧客のコメントをフェイスブックでぜひご覧になってください。他社での弊社実績の写真もご覧いただけますし、ウェブサ

イトではスタッフの資質についてもお読みいただけます）

Ａ社は業界上位のプロバイダーだと名乗っているものの、その真実は限りなく不透明です。その言葉を鵜呑みにする術がありません。その一方で、Ｂ社はその名前に馴染みがないものの、時代のニーズである透明性に巧みにアピールしています。今どきの顧客であれば、Ｂ社の営業マンが提案するようにＢ社について入手できる情報を収集することが、業務委託先を選択する次のステップとなるはずです。そしてＢ社が良い仕事をしてくれる証拠として、他社実績件数や推薦の言葉、そして有能そうなスタッフの顔ぶれまで紹介されているとなれば、Ａ社が知り合いでもない限り、圧倒的に興味をそそられるのは、Ｂ社の方でしょう。

ここで大切なのは、単にＢ社がピンポイントした情報を顧客に与え、透明性に溢れている点だけではありません。

その裏で透明性を構築するために準備（ソーシャルメディアの構築、顧客との良好な関係作り、優れた人材確保など）を綿密に行ったことにあります。そう、ピンポイントして透明性を約束するには、必然的にそれなりの努力を要するのです。こんなＢ社からは、今もそして未来も、さまざまな努力や開発やイノベーションを行っていく積極的姿勢やエネルギーを感じずにはいられません。

つまりピンポイントのコミュニケーションを実践すること、それは言語を超越してひとつの原動力となり、あなた自身や会社を次の段階へとリードしてくれるでしょう。

20分間のこと、それとも1億年のこと？

文法的には間違いではないのに、おかしなあいまい表現がたくさんある。

その中のひとつが、"a long time" だ。英語だとあいまいさを感じにくいのかもしれないが、この表現を使っている人はことのほか多い。でもあなたがビジネスパーソンであれば、この表現を安易に使用することは絶対に避けるのが正解だ。

例えば、あなたが超人気レストランでランチを食べようとして、列を作っている人を見ながら、「待ち時間はどのくらいか？」とウェイトレスに聞いたとしよう。もし彼女の答えが、"For a long time." だったらどうだろうか？　あなたは、このウェイトレスをやる気のない、いいかげんな社員だと感じるに違いない。

> He graduated from high school a long time ago.
> （彼は高校をちょっと前に卒業した）
>
> I've been working on this project for a long time.
> （私はこのプロジェクトに長いこと関わっている）

例文の場合、「ちょっと昔」とか「かなり長い間」といった意味で使っているのだろう。でも「ちょっと昔」って、いったいいつなのかという問題がある。ひと月前のことかもしれないし、50年以上前のことかもしれないからだ。文脈によっては、先史時代である可能性もなくはない。つまりビジネスにおいて使用するには、とんでもなく不透明な表現なのだ。

「ちょっと昔」と言う代わりに、もっと具体的な時間感覚を示すようにしよう。その方が丁寧であることはもちろん、あいまいさが払拭されて、ビジネスパーソンとして正確性を重視する姿勢も伝えることができる。たとえ途方もない昔について話していたとしても、"millions of years ago" のように、より具体的に述べる方法を選択したい。

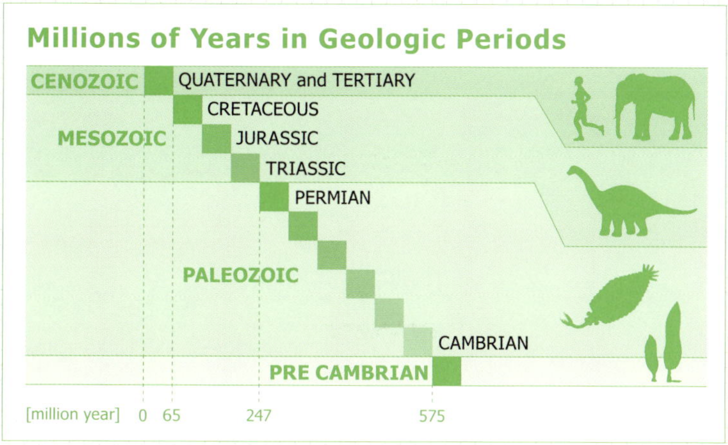

第3章

スピーキング上達の基本は、スタイルだ

THE FOUNDATION OF SPEAKING IMPROVEMENT IS STYLE

大人のスピーキング上達は“癖”を治すことから

「TOEIC®テストが高得点であれば、英語スピーキングが上手だ」というのは神話になりつつありますが、英語圏での留学経験や就業経験があると、英語がペラペラだという発想はいまだに残っているのではないでしょうか？

もちろんペラペラがどのレベルのことを指しているのかはあいまいですが、英語圏の滞在期間が長かったとしても、あるいはネイティブスピーカーとスカイプチャットなどで話す機会を長時間設けたとしても、話す分量に比例してスピーキング力が上達していくというのは幻想です。

ここが子供とは異なる大人の悲しい性ですね。なぜかと言うと、ある癖がついてしまうと、意識的に練習して直さない限り、いくら大量の英語を話して聞いたからといって、永遠にそのままなのです。この癖は、母国語、初期英語学習、発声する時の肉体的動作習慣に由来するものですが、結果的には英語アクセントとなって表出、認識されることになります。

この章では、あなたがスピーキング向上のためにまず行うべきこと――癖から自分を解放する方法――についてお話ししましょう。スピーキングを進化させたいすべての方々に、いち早く届けしたい内容です。

3-1 スピーキングスタイルに注目すると、想像以上に向上する

1. 通じない原因は何か?

まずは、恐ろしい癖のお話から始めましょう。

私のオフィスから車で北へ1時間の米国コネチカット州の州都ハートフォードには大手保険会社が密集していて、その社員だけで13万人を数えます。ご存知の方もいらっしゃるかと思いますが、保険会社というのは常にリスクについて研究している場所です。例えば新車を購入した年の事故発生率だったり、大型ハリケーンが大都市ニューヨークを直撃する可能性だったり、バカンスで旅行かばんを紛失する確率だったりします。

こうしたリスクを正確にはじき出すために、一流の統計学者が雇用されます。そしてそのほとんどが、東アジアや南アジア出身

者です。彼らは、数学脳を持ったスーパースターであり、卓越した研究結果を報告しては、保険会社に多大な貢献をしているのです。

ある朝、保険会社の管理職のひとりが私に助けを求めてきました。話を聞いてみると、彼の下で働いている150人の統計学者がミーティングで何を話しているのかがまったく理解できないと言うのです。

彼らを雇用した理由は、輝かしい学歴があって、傑出した計算力を持っていたからです。英語コミュニケーション能力については就業経験によって時間が解決する問題だと考えて、特に心配はせず、いずれは彼らが会議で積極的に発言し、新入社員を統率し、能力を発揮してくれると期待していたそうです。しかしそれがままならならず、歯がゆくてたまらないというわけです。

その管理職に彼らの話が理解できない原因を問うと、それは論理ではなく語彙不足でも文法でもなく、アクセントのせいだと推測しながら、こう付け加えました。

「英単語の配列は正しいのに、理解しようとするとものすごくストレスが溜まるんだ。彼らの中にはアメリカで５年以上生活している人も多いのにね」

彼のストレスについて聞いた時、それがどんな性質のものであるかがすぐに思い当たりました。というのも、ある面白い研究報告が頭に浮かんだからです。それは、コネチカット大学国立音声学研究所による「ネイティブスピーカーがどのように韓国語アクセントのある英語を理解するか」についての研究でした。

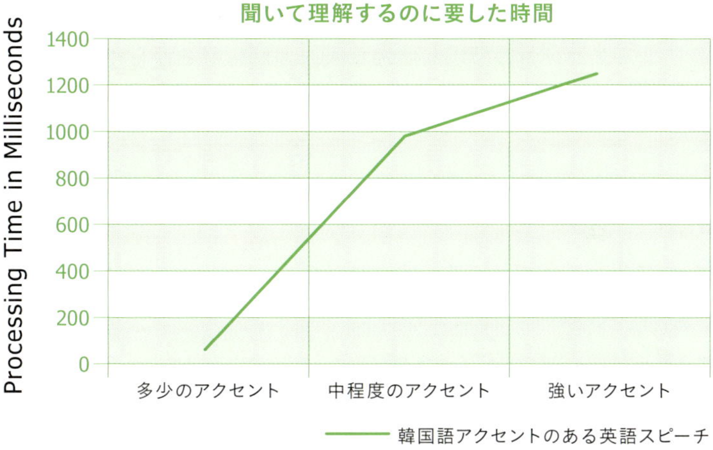

上記のグラフが、その研究報告の一部です。

アクセントが強い場合、聞き手であるネイティブスピーカーが理解するのに時間がかかることは想像できると思います。軽いアクセントがあるだけでも通常の６倍以上の時間を要することも分かっていますので、アクセントがいかに重大な問題かはご理解いただけるでしょう。

世界有数の頭のいい学者たちが会議に参加しているのに、アクセントを持つ参加者２、３人によって話し合いが劇的にスローダウンしてしまう状況であれば、管理職は頭を抱えざるを得ないことは簡単に察知できます。

スピーキングは話す量に比例して上達はしない。
アクセントの原因が頑固な大人の癖にあるからだ。

レコーディングは、英語の先生よりも良いコーチ？

あなたの趣味について２分間、英語で話す声を録音し、それを再生して聞いてみよう。可能であれば、家族や友人に聞いてもらうと客観性が高まりさらにいいだろう。 次のように自問したり、他の人に感想を聞いたりしてみよう。

「他人にどんな印象を与えているか？」
「自信あるように英語を話しているか？」
「他人に理解できるか？」
「エネルギーが溢れるように聞こえているか？」
「仕事がしやすい印象があるか？」

あなたはきっと意外な発見に驚くに違いない。それらの発見は、今まで英語の先生を含めて誰にも教えてもらえなかったことかもしれない。この気づきが、あなたの英語コミュニケーションを軌道修正するための重要なきっかけとなる。

自分自身の声に啓発されることは、かなりパワフルだ。

2. 根深いアクセントの問題

アクセントというのは表面的な音の問題で解決されるように錯覚されがちなのですが、かなり根の深い問題です。

このことはケンブリッジ大学の研究からも証明されています。その研究では、英語ネイティブスピーカーと中国人が英語を話す声のそれぞれから高周波部分を取り除き、単語が聞こえない状態で一般的な英語ネイティブスピーカーに聞いてもらい、アクセントが感知できるかを調べたものです。

結論を申しますと、ネイティブスピーカーは、単語の個々の母音や子音を区別できずに話の意味が分からない状態であっても、イントネーションのパターン、スピード、区切り方によってアクセントを敏感に認識することができたのです。というわけで、アクセントは個々の音といった上層部分からではなく、それを支える下層部分から矯正していく必要性をご理解いただけるのではないでしょうか？

アクセントの主な原因となる３つの要素を総称して「スピーキングスタイル」と言います。そしてこのスピーキングスタイルこそが、相手にスムーズに理解されるためには重要であり、アジアの人々の英語コミュニケーションを向上させる鍵とも言えるでしょう。

明瞭なスピーキングを図で表すと、次のようなピラミッドになります。

明瞭なスピーキングの側面

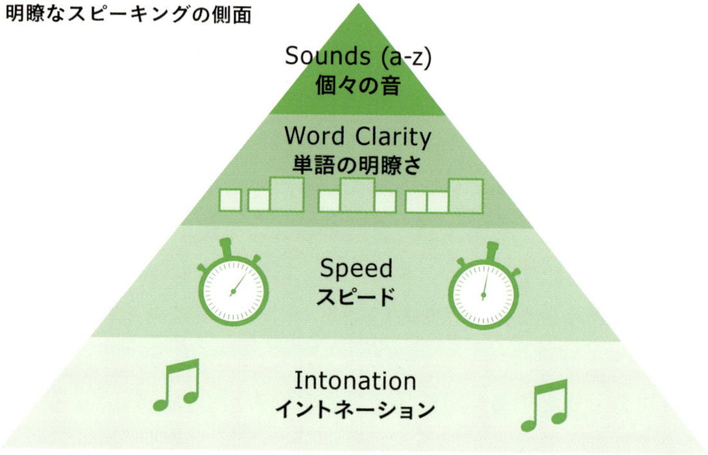

スピーキングスタイルとは、語彙でも文法でもない、また単語の個々の発音のことでもありません。すべての文――単純な "Hi, how are you?" という文から複雑極まる論理まで――をあなたがいかに話すかということです。

英語に限らず、どんな言語においてもスピーチというのは、個々の音、イントネーション、スピード、単語の明瞭さといった代表的ものを含めた要素が揃って完成します。しかしその基盤となるのは、スピーキングのピラミッドで表したように、個々の音ではなく、スピーキングスタイルという名でまとめられる３つの要素なのです。

ピラミッドの頂点にある個々の音については、どちらかというと最後に磨きをかければいい部分であると言えるでしょう。まずインフラとなっているスピーキングスタイルを整えることの方が、あなたのスピーキングの発展に大きく、しかも永遠に貢献してくれることになります。

しかし残念ながら、スピーキングスタイルは日本の英語学習では、ほとんど無視されている部分ではないでしょうか？

ちょっと考えてみれば分かることなのですが、基本的な文法や語彙だけしか知らなかったとしても、あなたの英語は十分に通じる可能性があります。1500個の英単語を知っていれば、ニュースまで話せてしまうというのは事実です。

でも前述した保険会社の例のようにスピーキングスタイルに問題があると、相手にまったく通じないことすら平気で起きます。さらに困ったことに大人の場合、スピーキングスタイルは癖となって固まっています。それに気がつかないまま、語彙や文法や個々の発音の学習を一生懸命しながら、「なぜ相手に聞き返されることが多いのだろう？」と疑問に思っていらっしゃる方は、実に多いのです。

できるだけ早く、スピーキングスタイルの癖からあなたを解放してあげることです。それが何よりも先決です。

ただ、このスピーキングスタイルを整える作業が、大人にとってはそんなにたやすい道程ではありません。その理由は、母国語のスピーキングスタイルという抵抗勢力を伴うことにあります。

分かりやすく言うと、外国語の単語を使っているけれど、母国語のスピーキングスタイルで話しているという状況です。さらに分かりやすく言えば、正しい歌詞だけれども、原曲とは異なるメロディーをつけて歌っているのと同じです。音楽であれば斬新な芸術性として解釈できるかもしれませんが、英語をあなたの母国語のスピーキングスタイルで話せば、たとえ語彙や文法に間違いがなかったとしても、その理解が非常に困難であることはご想像いただけるでしょう。

スピーキングスタイルの癖からの解放こそ、
通じるスピーキングへの突破口である。

逆転のおかしさを自分に生かしてみる

あなたの家屋の概観について説明してみよう。

日本語で構わないのだが、自分がアメリカ人（あるいはイギリス人、オーストラリア人）であるように装って、彼ら特有の英語アクセントを使って話していただきたい。

私が学生とこの練習をする際、アクセントが英語のものに近ければ近いほど、母国語とのギャップによって大きな笑いが巻き起こる。

このおかしな感じを体感し記憶しておくと、英語を話す時に母国語のスピーキングスタイルを使うことがおかしく感じられて、本来のスピーキングスタイルを使わざるを得なくなるというわけだ。

3-2 スピーキングスタイルを変革する

1. スポットライトを当てるイントネーション

それでは、具体的にスピーキングスタイルを変革していきましょう。

まずは、先に示したスピーキングピラミッドの一番下の大基盤であるイントネーションに注目します。

イントネーションは言語のメロディーと考えることができます。すべての文に使用するもので、目には見えないですが簡単に聞き取ることができます。例えば、両耳を手でふさいで "Hello, how are you?" と挨拶してみてください。

どのように聞こえましたか？　単調で退屈そうでしたか？　そ

れとも元気はつらつとした感じだったでしょうか？

エネルギー不足なＡさんと元気溢れるＢさんの基本的な挨拶を録音し、スピーチソフトウェアを使用して分析すると次のように表示されます。

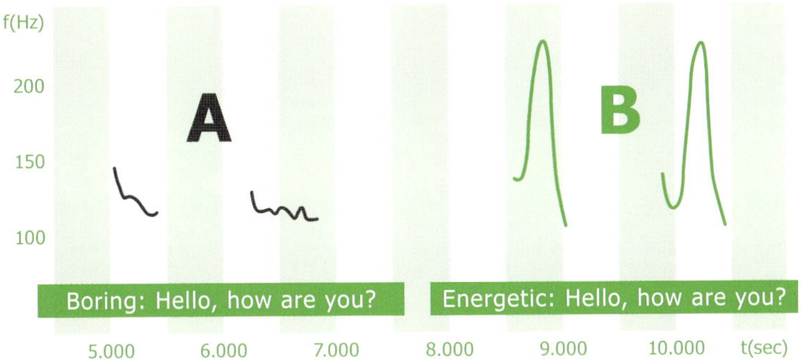

上の波形は、左がＡさん、右がＢさんのものです。波形は２人の声のトーンを表しています。

Ａさんの波形は狭いトーンの幅を示しています。とても注意深いＡさんは英語を話す時も間違いを恐れて慎重なので、その結果、退屈で単調な話し方になってしまっています。その一方でＢさんは広い幅のトーンを用い、大変エネルギッシュな話し方になっています。このようなダイナミックな話し方は相手の興味を引きつけることができますから、結果的に魅力的な話し方として認識されます。

多くの方が、英語のような広い幅のトーンは自分には無理だと決めてかかっています。それはとんでもない勘違いで、意外だった時や驚いた時に発せられる「えぇー！」という日本語のトーンは、英語の広い幅のトーンそのものです。なにもプロの声楽者並みに３オクターブ出してくださいというわけではないので、誰にだって可能です。新しい英語スピーキングスタイルへの改造計画には、広い幅のトーンはどうしても欠かせませんから、さっそく試してみましょう。

広い幅のトーンを作るための技術は、非常に簡単です。重要な単語を強調するだけです。文が長くても短くても、相手に大切なことを教えてあげるつもりで、ある単語のトーンを上げて強調すると、上手くできます。ただ気をつけるべきなのは、トーンを上げるというのは、声を大きくするのとは異なるということです。声を大きくすると、相手はあなたが怒っているのではないかと誤解することがありますから、まずはトーンを上げるという感覚をつかんでみてください。

例文で見ましょう。あなたが相手にぜひ伝えたい大切な情報は、どの単語でしょうか？　その単語を強調しながら読んでみてください。

- That's great news.

  （それは良いニュースです）

  ➡重要な情報は？

  一般的には great でしょう。

- Our meeting time was changed.

  （会議時間は変更されました）

  ➡重要な情報は？

  一般的には changed でしょう。

- I lived in London last year.

  （私は昨年ロンドンに住んでいました）

  ➡重要な情報は？

  London あるいは last year かもしれません。

どの単語でトーンを上げなければならないというルールはありません。重要な情報はどれかを決定するのは話し手であるあなたですから、トーンについてもあなたに完全な決定権があります。

短い文ばかりでなく長い文になっても、伝えたい重要な情報を強調するだけで英語のメロディーを奏でることができます。少し長い文の例も取り上げましょう。

- In my view, hiring consultants is more expensive.

  （私の見方では、コンサルタントを雇うと、もっと費用がかかります）

この文では、最初の文節の "my"、次の文節の "more" でトーンを上げるのが一般的でしょう。

長い文の場合には、トーンを置く場所に選択肢がいくつもあります。例えば次のような文の場合です。

- Our company has too many departments, and they rarely communicate with each other.
  （わが社には部署が多すぎて、互いにコミュニケーションを取ることは稀です）

この文は、カンマで分けることができる２つの文から構成されています。対照的な意味を伝えるために “too” と “rarely” を強調するのが一般的かもしれませんが、“departments” と “communicate” あるいは “many” と “they” にトーンを置きたい場合もあるかもしれません。

- It’s not enough to answer a customer question, we should also ask if they are satisfied.
  （顧客の質問に答えるのでは十分でなく、満足したかどうかも尋ねるべきです）

この文の場合も選択肢はいろいろです。前の例と同様に対照的な意味を強調して、“answer” と “ask” でトーンを上げることが最も一般的かもしれませんが、つながりを重んじて “not” と “also” を強調することもあるでしょうし、“answer” と “satisfied” が伝えたい大切な意味かもしれません。またこの文の場合、２つ目の文は２つの文節から構成されているので、最初の文節の ask と satisfied の両方にトーンを置くことも選択できます。

トーンを上げることで強調を示す方法は、非常に簡単な技術でありながら、スピーキングのピラミッドを支える最底辺を築くという意味で、大きな意義があります。あなたが明日から話すすべての英語に使用することができる技術でもあります。

このシンプルな技を取り入れることによって、あなたの話す英語は英語特有のメロディーを奏でながら、相手に最も伝えたい重要なアイディアにスポットライトを当てますから、必然的に聞き手にも理解されやすくなるのです。

大切な情報を選んでトーンを上げると、
英語のメロディーを奏で、聞き手に理解されやすい。

2.「ワン・ツー法則」でスピードを調整する

さて、スピーキングピラミッドの底辺を固めた後は、そのすぐ上のスピードについて考察してみましょう。実はグローバルレベルで活躍している人でさえ、英語を話すスピードについて誤解しているのです。

ネイティブスピーカーであるかノンネイティブスピーカーであるかに関係なく、頭のいい人は速く話すことで自分の頭の回転の速さや言語力を表現できると思っています。また速く喋ることが効率を上げることだと、合理性をはき違えていらっしゃる場合もあります。こうした例を、国際学会、ビジネスミーティング、交渉などで頻繁に目の当たりにしています。

でもこの考えは大きな勘違いどころか、グローバルコミュニケーションの真髄から逸脱してしまっています。なぜなら相手に理解してもらえなければ、あなたの考えはご近所にさえ伝わるはずがありませんから、職場、地域、全国、世界への広がりはとうてい見込めません。

このグローバルと逆行した早口は、往々にして「意識の流れ」スタイルと重なり合っています。このスタイルは話し手が絶え間なく移ろう思考や感情を、聞き手に向かってそのまま投げ出してしまう話し方です。聞き手に内容を整理したり、解釈したり、分類したりするように強いておきながら、話し手は絶えず言葉を発し続けます。こうしたスタイルで気持ちがいいのは、話したいことを話せた自分だけで、聞き手はフラストレーションの極限に達しています。

こうした話し手の落とし穴に、想像以上に多くの人がはまっています。例えば私は毎年、イェール大学のワールドフェロープログラムで教えることを楽しみにしています。このプログラムは、選ばれた世界的若手リーダーたちに高い知性とリーダーシップを育んでもらうため、毎年１学期間開催されているものです。実際に選ばれた人々は、政治家、科学者、活動家、ニュースキャスター、教育者、探検家、医師、ジャーナリストなどで、才能に満ち溢れています。彼らはNGOを代表していたり、国の首相にアドバイスをしていたり、革新的な技術を開発していたり、貧困者を援助していたり、環境保護を主導していたりと、まさに近未来を背負っていくような方々です。

ところがそんな若手リーダーたちの90％が、彼らの信頼性と影響力を切り崩してしまうようなコミュニケーションの弱点を持っています。それが早口だったり、「意識の流れ」スタイルだったりするのです。彼らがフェロープログラムを経て早口を改善した時の変貌ぶりを、後にテレビ出演した時などに確認するチャンスがありますが、画面の向こうにいる彼らは真にリーダーたる貫禄を備えていると言っても過言ではありません。

すでに第1章でお話しした通り、効果的なコミュニケーションとは自分本位ではなく、聞き手中心主義であるべきなのです。早口や「意識の流れ」スタイルの話し方は、なんとしても早急に解決すべき問題です。

いったいどうすればいいのでしょうか？

解決策としては、単純に「ワン・ツー法則」を遵守していただければいいだけです。何かと言うと、各文を話した後で「ワン、ツー」と声に出さずに頭の中で数えることです。このようにして間を取ることは、最高にシンプルでありながら、スピード制御のための万能薬となるのです。早口が抑えられると、話の信頼性や影響力が上がり、話し手自身に権威もつきますが、それだけではなく非常に有意義なことが話し手と聞き手両者に起こります。

話し手にとって、この2秒の間は、次に話すための単語を選んで文としてまとめるために、短くして大変貴重なものです。外国語である英語を話す場合であれば、出たとこ勝負で単語を羅列するよりも、ひと呼吸置き、その間を上手に利用して単語をまとめるのが賢い選択と言えるでしょう。

また聞き手にとってもこの時間はクリティカル・トゥー・セカンズとなります。この時間を使ってあなたの考えを消化できるからです。

各文の後に「ワン、ツー」と間を置くことに慣れてきたら、各文節の後に1秒の間を取ることを試みてください。これらの間は、あなたのスピーキングの減速バンプのように機能して、早口や「意識の流れ」スタイルを一掃してくれるでしょう。

英語スピーキングの中級者に一般的に見られるのは、単語の間に "uh" を挟んでしまうスタイルです。例えば、次のようになります。

> I uh like uh riding uh my bike uh on uh the uh weekend.

このスタイルはおそらく、話し出したら常に何らかの音を発していなくてはならないという話し手の心理状態に由来しているものでしょう。でも実際、一対一の会話というのは、いったん話し出せば、よほど相手が無礼だったり、急いで何かを言ったりする時以外は、あなたの話す番を相手に奪われることはありませんから、音を発し続ける必要性はまったくありません。単純に話し始める前に間を置いてみることを習慣づけると、あなたは単語選択が速くできるようになるばかりか、単語ごとにぶつぶつと話すのではなくて意味ある文節をスムーズにまとめながら話せるようになっていきます。

文の後で2秒、文節の後で1秒の間(ま)を取ると、グローバルに逆行した話し方から抜け出せる。

---

3. 明瞭に伝える技術

さて、あなたはすでにイントネーションで、話す文にエネルギーを与えられるようになりました。また、間を置くことで、あなたの話は聞き手にとって楽に聞けるものとなり、あなた自身も文を上手くまとめられるようになっています。さらには、スピードを制御することによって、あなたの権威も高められています。

そこで、スピーキングスタイルの３つ目の部分に取り掛かるとしましょう。

それは明瞭さです。

仕事上のやり取りでも買い物でも、会議でもプレゼンでも、あなたの話す単語を相手にすべて理解して欲しいものです。相手に"sorry?" と怪訝そうに聞き返されるのは気持ちの良いものではありませんし、また相手から聞き返されないけれども、自分の考えが伝わっていないというのは、もっと深刻な問題です。

さて、どうしましょう？

実はとても良いニュースがあります。それは、「たった100単語を明瞭に話すことができれば、話の50%は伝わることが保証される」という事実です。詳しくご説明しましょう。

自然界の万物のように、言語は法則によって統治されています。よって言語を上手に使うためには、その法則に注目することが役立ちます。言語、自然、社会を司る法則のひとつに、ジフの法則（あるいはジップの法則；Zipf's law）があります。

この法則は、「都市の人口は、都市人口ランキングの順位に反比例する」と説明しています。つまり人口が最も多い都市は、２番目の都市の２倍の人口で、３番目の都市の３倍の人口であることになります。同様な関係性は、会社の規模、収入、そして言語における単語などにも当てはまります。実は、ジフの法則のジフというのは、ハーバード大学の言語学教授であったジョージ・ジフに由来し、この法則は、彼が単語の配分について研究していた時に発見したものなのです。彼は、最頻出単語は２番目の頻出単語の２倍、３番目の頻出単語の３倍も頻繁に使われていることを発見しました。

$$f(k; s, N) = \frac{1/k^s}{\sum_{n=1}^{N} (1/n^s)}$$

具体的に説明すると、500例文から集めた約１億語を含むブラウンコーパス（Brown Corpus）によると、最頻出単語は "the" で、それだけで全体の７％（69,971）を占めています。ジフの法則通りに、２番目の頻出単語 "of" は、全体の約3.5％（36,411）と続きます。

この事実は、一冊の本を取り上げてみても同じことです。世界文学の珠玉の名作であるハーマン・メルヴィル著『白鯨』(*Moby Dick*)について、単語の頻出度をグラフに表すと次のようになります。捕鯨船の乗組員であるイシュメルの冒険について書かれていますが、全615ページ、20万単語に及ぶ長編です。

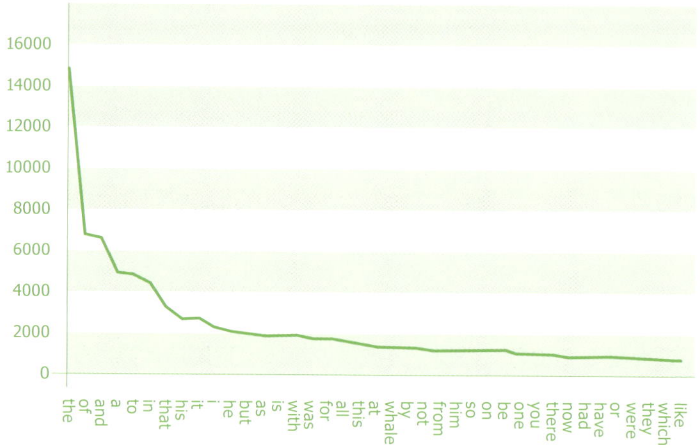

興味深いのは、頻出単語トップ10までに頻出度は急激に低下し、その後は安定して減少していく点です。これはスピーキングについても同様で、あなたがすでにご存知の小さな単語のグループが、スピーキングに必要な単語のほとんどを占めていると言えます。

まだ実感がわきにくいかもしれませんから、あなたの持っている語彙とスピーキングに必要な単語の数について、イギリス英語コーパス（British National Corpus）を基に考えてみましょう。イギリス英語コーパスには、日常会話、テレビ、新聞、メール、会議などの記録から何億という単語データが集積されています。

Vocabulary size	% of content in spoken language	Example words
10	25%	the, of, and, to, in, have
100	50%	but, about, know, I, as, time
1000	75%	again, few, case, most, week, company
7000	90%	goodness, healing, kick, taxi, trillion
50,000	95%	globalizing, optimized, phony, affront
>1,000,000	99%	demonstrability, crystallite, carcinoid

この表から分かることは、スピーキングで必要な言語の50%が、わずか100語で占められているという事実です。もちろん100語を知っているというだけでは十分ではありませんが、あなたが100語について相手がストレスなく理解できるように明瞭に話しさえすれば、話の50%が相手に伝わるというわけです。

この最頻出100語とは、頻出度順 に次の通りです。

> The, be, to, of, and, a, in, that, have, I, it, for, not, on, with, he, as, you, do, at, this, but, his, by, from, they, we, say, her, she, or, an, will, my, one, all, would, there, their, what, so, up, out, if, about, who, get, which, go, me, when, make, can, like, time, no,

> just, him, know, take, people, into, year, your, good, some, could, them, see, other, than, then, now, look, only, come, its, over, think, also, back, after, use, two, how, our, work, first, well, way, even, new, want, because, any, these, give, day, most, us

簡単なご存知の単語ばかりでしょう。でも実はここが、アジアの方々のスピーキングの盲点なのです。

これらの単語は知っているから、もっとレベルの高い単語を増強しようと志を立てるわけです。ところがスピーキングを向上させる――つまり相手に理解してもらう――ためには、これらの最頻出単語を明瞭に話すことの方が、単語数を増やすことよりもずっと重要になります。現にアジアの人々の多くは、これらの単語を母国語の母音システムを使用しながら話してしまうので、実に分かりにくい発音になることが頻繁に起こります。ですから、あなたのスピーキングを向上させる合理的な手段のひとつが、これらの単語を明瞭に話すことであると申し上げて間違いありません。

とは言うものの、このリストのどこから始め、いかにしたらあなたのスピーキングスタイルを明瞭なものできるかは雲をつかむようなお話かもしれません。そこで簡単にできる方法をご提案しましょう。

まずリストを２つに分類します。

- **内容語**（主要な意味を持つ重要な単語）
  名詞、動詞、形容詞、副詞

- **機能語**（内容語をつなぐ役割を担う単語）
  冠詞、前置詞、接続詞、be動詞、助動詞、代名詞

まず申し上げたいのは、英語の機能語は、主要な意味を持つ内容語をつなぐ役割を持つ単語ですが、これらを明瞭に発音するということは、日本語を明瞭に話すというあなたの常識とは相反するものです。そしてその点が、あなたが英語の明瞭な発音を苦手とする要因ともなっています。

英語の法則に従うと、機能語はすべて素早く、あいまいに話すことになります。ところがこれが、「明瞭に話す」ということなのです。

例えば、5番目の"and"に注目してみましょう。and の分かりやすい発音とは、素早くあいまいに"ən"となります。"Japan and China" ➡ "JapanənChina"といった具合です。そう、d の音が抜けて ə となります。そしてこの ə の音は日本語には存在しないので、正確に話すための練習をしておくことには価値があります。その他にも、明瞭なスピーチにするために日本人が特に苦手とする音について押さえておくといいでしょう。

練習する際に大切なことは、強い音から弱い音に変えることです。あなたの英語スピーキングが明瞭になるということは、機能

語を不明瞭に話すことであるという点を忘れないでください。日本語のようにハキハキと明瞭に話してしまうと、不明瞭になって相手から理解されにくくなります。

機能語の明瞭な話し方をすべてご紹介するのは難しいので、典型的な日本人が苦手とする部分に絞って例文で練習してみましょう。

	機能語	発音	明瞭な話し方	例文
冠詞	a	ey	uh	Let's take a break.
	an	aen	uhn	I sent an email.
	the	thiy	thuh	She called the store.
前置詞	to	tuw	tuh	He flew to Melbourne.
	of	ov	uhv	Bank of Japan
	at	aet	uht	I'm working at home.
	than	thaen	thuhn	more than ten
	as	aez	uhz	as soon as possible
接続詞	and	aend	uhn	Japan and China
	or	oer	er	Take the bus or train.
	that※	thaet	thuht	the file that I sent
助動詞	have	haev	uhv	They have called twice.
	had	haed	uhd	I had two hamburgers for lunch.
	are	aer	er	The shops are closed.
	will	wil	il	His flight will arrive tonight.

代名詞	her	her	er	She took her bag outside.
	he	hiy	iy	What does he think?
	him	him	im	I'll ask him.
	his	hiz	iz	We called his phone.

※thatが指示語として使われている時は強制を置きます。例：I'm sure the data is in that file.

機能語を"明瞭に"発音することとは、
"不明瞭に"発音することである。

さて、スピーキングスタイルの中心的要素（イントネーション、スピード、明瞭さ）からスピーキングを向上させる方法をご紹介してまいりました。スピーキングピラミッドの基盤強化は、スピーキング学習の初期段階でぜひ取り組んでいただきたいことです。というのも、相手の理解度が確実に上がった手応えを感じることができ、スピーキングが楽しくて仕方がなくなるからです。そうなると、英語学習が苦になりません。

逆にまず語彙を増強したり、文法を復習したり、個々の発音に磨きをかけたりすることから取り組むと、何度も挫折してしまいます。何もあなたに根性がないというわけではありません。私たちは忙しい大人ですから、つまらない上に効果を実感するまで何年もかかる方法は、あえて選択する必要がないということです。

4. 日本人の発音学習の盲点

スピーキングピラミッドの基盤部分を固めたら、最終的には頂点にある個々の発音に取り組んでいただくことになります。

個々の発音については多くの書籍や教材が存在していますから、そちらを参考にされてください。ここでは、日本人を含む東アジアの方々の発音学習の盲点についてお話ししたいと思います。

先に挙げたスピーキングでの最頻出単語100リスト（p.139）にもう一度ご注目ください。機能語以外の単語が、主要な意味を持つ重要な単語である内容語です。リストをご覧いただければ分かる通り、頻出単語の内容語というのは短い単語ばかりです。事実、ひとつの母音しか持たない単語がほとんどを占めています。

盲点とは、そこなのです。ほとんどの方が、短い母音をひとつしか持たない単語の発音が自分にできないなんて想像すらしていません。ところが日本人の多くが、このひとつの母音しか持たない単語を相手に聞き取ってもらえないことがあるのです。

非常に不思議な事態ですが、いったいなぜでしょう？

実は短い単語だからこそなのです。と言うのも、相手はそのたったひとつの母音の発音の正確さによって単語を認知しているからです。ですから母音の発音ができていないと、その単語の意味がまったく取れなくなってしまいます。日本人に母音発音の問題が生じるのは、日本語の母音が５つしかない一方で、英語には24あることが原因です。つまり日本人は英語の母音のバラエティーを、たった５つに単純化して話してしまう傾向があるのです。

短い簡単な単語を相手に聞き返されるのは、まったく気持ちの良いものではありません。ですから、確実に発音を押さえておきたいものです。

日本人の苦手とする内容語を含んだ次の文を練習してみてください。単語を発音する際には、唇の写真を見ていただくとともに、母音の長さを調節することが大切です。これらの内容語の正確さや明瞭さは、口の開き方と唇の動きによって決定づけられます。

▶ 内容語の発音練習

1. who, new, use, two

I have two new ideas we can use.

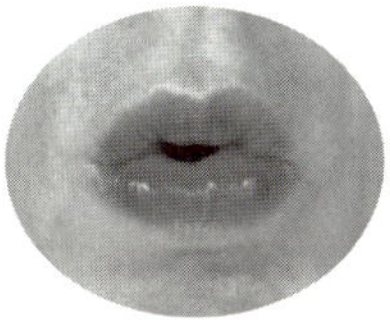
丸い唇、長い母音

2. what, one, want, come, just

Who wants to come?

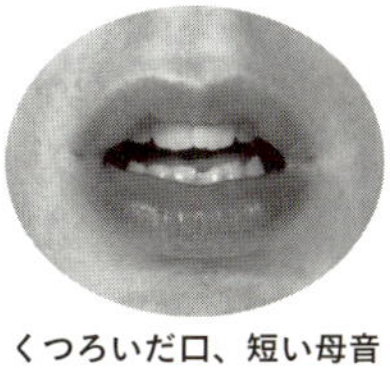
くつろいだ口、短い母音

3. day, say, make, take, way

It will take a day to make it.

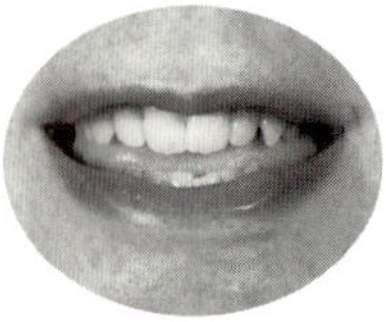

スマイル、長い母音

4. so, go, no, know, most

So no, I don't know.

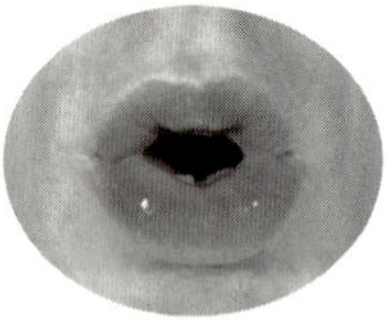

開いた、丸い唇、長い母音

5. give, think

Give me a minute to think about it.

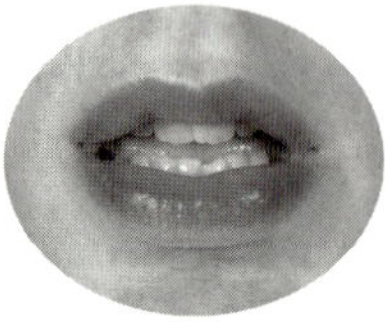

くつろいだ唇、短い母音

6. when, well, get

When did you get home?

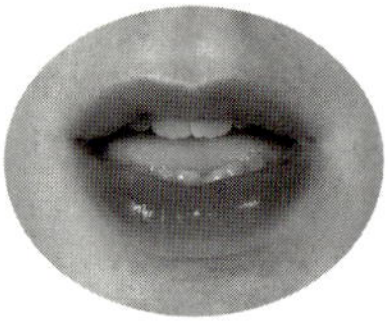

くつろいだ、やや開いた口、
短い母音

7. now, how

Now how much do they want?

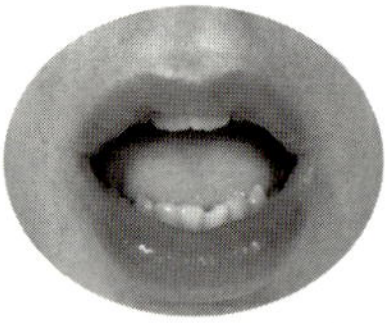

開いた口、長い母音

8.　good, look

It looks good to me.

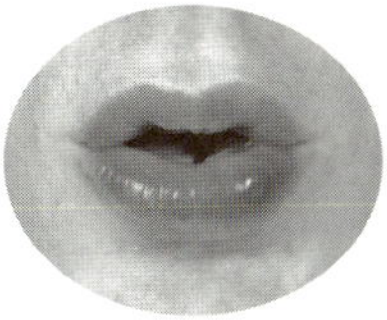

くつろいだ、やや丸い唇、
短い母音

1母音の単語の発音が、実は侮れない。

さて、２種類のシンプルな練習をご紹介しました。

これらは機能語を素早く弱く、そして内容語を正確な母音で発音することによって、あなたのスピーキングの50％を明瞭にする価値あるエクササイズです。スペースの関係で、100語すべての発音を扱うことができませんでしたが、ぜひとも残りの単語についてはオンライン辞書で確認してみてください。

また私自身が作成した最頻出単語365語の明瞭な発音を実現するオーディオプログラムもあります（www.dr-vance.com/jp）。「どうも相手に聞き返されることが多い」と感じていらっしゃる方には、特にお薦めいたします。

冒頭でも述べましたが、英語を話す時間が長ければ、一途に英語は上達するように錯覚しがちなのですが、大人のスピーキングスタイルは別物です。

これはゴルフと一緒ですね。ゴルフ歴３年で停滞期に陥り、さらに上達するためにはフォーム改造しかないと考えているとしましょう。ただ練習場に行ったり、コースに出てプレイを重ねたりしていれば、自然にフォームが改造されるわけではありません。コーチのアドバイスを素直に受け入れたり、鏡の前でイメージを体に叩き込ませたり、その後でコースに出て試してみたりと、意識改革と努力が必須です。スピーキングスタイルの向上も、これとまったく同じです。

でも、いったん新しい良い癖をつけてしまえば、こっちのもの。それは半永久的にあなたの味方となって次のコミュニケーションレベルへと押し上げてくれるのです。アンダーでグリーンを回り終える、人に聞き返されずにビジネス交渉を終える——どちらも極上の爽快感があるはずです。ここでご紹介した練習は、そのための価値ある第一歩と言えるでしょう。

第4章

感謝される
最高の聞き手になろう

HOW TO BE AN EXCEPTIONAL LISTENER

ビジネスパーソンとしての聞き手の役割とは？

リスニング力とは何でしょうか？

「聞き取り、理解する力」だけでは、ビジネスパーソンにとっては十分ではありません。それがリスニング力だと決めてしまったのは、学生時代から行ってきた仮想的英語学習方法に他なりません。受験やTOEIC®テストやTOEFL®テストなどの英語試験のように、ある文章や会話を聞いて、それが理解できたかどうかを問う選択式の設問に答えるというリスニングは、どう考えたって現実離れしています。実際のコミュニケーションでは、相手の話を聞いてメモを取るだけ、あるいは答えを選択するだけのリスニングというのはごく稀です。

ビジネスパーソンにとっては、相手の話を聞き、その後で応答し、さらに質問するところまでを含めて、聞き手の役割を全うしたことになるのではないでしょうか？　相手のメッセージに対する質問やコメントにこそ、あなたの聞き取り度や理解度を反映させて、あなたが良い聞き手であること、あるいは有能なビジネスパーソンであることを示すことができるのです。

聞き手としての力量は才能や知識よりも重視される

ほとんどの方が、自分の応答や質問やコメントが、何かに大きく影響した瞬間を体感されたことがあるに違いありません。その瞬間は、友人とのランチ、ビジネスミーティング、顧客との電話といった状況だったかもしれません。

人生の最も重要な局面のひとつである就職について考えてみることにしましょう。実は第一志望の就職を手に入れられるかどうかは、あなたの才能や専門知識や経歴よりも、あなたの応答や質問やコメントが大きな比重を占めている場合が多いのです。

プレゼン後の質疑応答で聞く力が問われる

ジョブトーク（job talk）をご存知でしょうか？

人材（特に研究者、医師、デザイナーなど）を雇用する際に、法人組織、例えば医薬製薬会社、建築事務所、大学、病院などの多くでは、伝統的にジョブトークを就職応募者に課しています。典型的なケースでは、応募者の中で書類審査や第一次面接をクリアした最有力候補者の数名が、その法人を一日訪問します。人事部と顔合わせをしたり、潜在的な上司に面会したり、同僚とランチを共にしたりしますが、その日のメインイベントは、大勢の関係者の前で自分の専門についてのパワーポイントプレゼンテーションをすることです。これが、ジョブトークと呼ばれています。

このジョブトークは、最後の審判と言ってもいいでしょう。40分間前後のプレゼンでは、候補者の知的関心や専門的経験や知識がよく分かります。ただしジョブトークの要はそこではありません。採用を大きく左右する部分は、プレゼンに続く通常20分間の聴衆からの質疑応答なのです。なぜなら質疑応答タイムこそ、候補者が難しい質問をどう取り扱うか、くだらない質問にどのように対処するか、議論をリードできるか、自分の知識の限界をどう説明するか、あるいはプレッシャーにどう対応するかという万能的な資質を、聴衆が観察できるまたとないチャンスだからです。

でも多くの候補者たちは、この最も重要な部分――聞く、答える、質問する――を軽視して準備しない場合が多いのです。プレゼンすることだけに必死になり、質疑応答こそが、価値あるコミュニケーションができる人かどうかを判断するリトマス試験紙であることをすっかり忘れてしまうのです。

リトマス試験紙をブルーにするのを決定的に手伝ってくれるのは、「コミュニケーションにおいて相手の話を熱心に聞いて理解し、お互いのゴールを目指して建設的な情報を引き出すことに協調的で前向きな行動」です。だって専門知識に加えて、こんな資質が備わっていたら、組織は喉から手が出るほど欲しいはずですから。

聞く力をグローバルレベルに引き上げる技術

あなたは優れた聞き手の態度や行動——聞く、答える、質問する——を日頃から実践していらっしゃるかもしれませんが、グローバルコミュニケーションでは、その態度と行動を一層強調してちょうどいいくらいです。あなたが相手の言うことに「はい。なるほど。」とうなずきながら素直に耳を傾けていることが多いなら、そのレベルは絶対的に超えていきたいものです。

では、どうしたらいいのでしょうか？

実は大変優れた技術があります。本章ではこの技術を使って、あなたに話しかけるすべての人が感動する新しいリスニング力をつけていきましょう。

また、相手の話を完璧に理解できなかった時でもパニックに陥ることなく、自信溢れるリスナーになるための質問方法についてもご紹介します。

4-1 リスニングを劇的に進化させる「セイバック技法」

1. 理解したフリを防ぐ「セイバック技法」

ビジネスパーソンに不可欠なリスニング力をつけるための技術をご紹介するに当たり、改めて強調しますが、これから学んでいただくのは、いかに聞き取るかのノウハウではありません。

英語の音の聞き取り方については、たくさんの書籍や教材が入手可能だと思いますのでそちらをご覧ください。本書では、相手に対してうなずきながら聞くだけのレベルを超え、世界基準のコミュニケーションにおいても優れた聞き手になる方法についてお話ししましょう。

良い聞き手になるための第一歩はもちろん、相手の話を理解していると示すことです。うなずくことは、そのための常套手段であり、会話での協調性を表すために効果的なシグナルではありますが、それだけでは理解したことの確実な証拠として十分ではありません。うなずくだけでは理解したフリができてしまうと同時に、あなたが正確に情報を理解したどうかを相手に確認できないのが欠点です。

でもこの欠点を解決し、高い理解度を達成できる素晴らしい方法が存在します。それが、セイバック（say back）技法です。

「はい、そうですか」と、
うなずくだけの聞き手は絶対に超えるべきである。

---

2. 米国医師に支持されるコミュニケーションの武器

近年「セイバック技法」は、患者とのコミュニケーションの向上に熱心な米国の医師たちによって、劇的な効果をもたらす武器として実感されています。

すべての会話において「私の言っていることが相手に理解され

ているだろうか？　適切な応答が返ってくるだろうか？」という疑問が、スピーカーの頭の中には意識的にあるいは無意識的によぎるはずです。スピーカーであれば誰でも持っている疑問であって、それは医師でも例外ではありません。医師は、患者の生死を左右するような重大な情報を説明しながら、患者が治療方法について100％理解し、さらにその要点を記憶に留めてくれるよう願っています。

しかしある研究によれば、患者は医師から聞いた医学的な情報の40～80％を直ちに忘れてしまい、記憶したとしてもその情報の約半分は間違っているという結果が出ています。医師と患者のどちらかが英語のノンネイティブスピーカーであったら、この確率はさらに上がることでしょう。

そこで、米国医師は患者とのコミュニケーションにおける大きな溝を埋めるべく、最も簡単で有効な方法を使用し始めました。それが、「セイバック技法」です。この技法はひと言で言うと、患者が医師の説明を理解したかどうかを、患者に言い返してもらうことによって確認する方法です。

具体的には医師が薬や治療法について説明した後で、その重要な情報を患者から医師へと言い返して（説明する、復唱する、言い換える）もらって、患者の理解を確かめます。もし患者が大切な情報を抜かしていたとしたら、例えば「一日に薬を何度服用するか」が言い返しの中に含まれていなければ、医師はその部分を繰り返します。この技法を採用後、米国の多くの病院では治療方法についての患者の誤解が劇的に減少した上に、治療期間まで短縮されたという報告があります。

あるカリフォルニア州の医師は、「セイバック技法」を試した時の驚きを次のように振り返っています。

> 「私は母親に付き添われた子供を診察した後、母親に『家に帰ったらまずすることは何ですか？』と聞いてみました。すると母親は私を見つめながら、戸惑っていました。そこで私はもう一度説明した上で、彼女にセイバックを頼みました。今度は間違えずに返してくれました。一番の驚きは、私がセイバックを頼むまで、彼女が理解できてなかったなんて1秒たりとも想像してなかったことです。私は伝えようとすることにばかり集中してしまっていて、どう受け取られているかにはまったく気が回っていなかったんです」

ほとんどの話し手は、聞き手の理解を過信している。

3.「セイバック技法」の使用方法

医師と患者間のコミュニケーションを例に挙げましたが、ビジネスでもまったく同じことが起こっています。

例えば、あなたが上司あるいは部下から重要な話を聞くとしましょう。「あなたに100%伝わったのかな?」と疑心暗鬼になっている相手を救うのが、あなたがこれから使う「セイバック技法」です。

もちろん相手に安心感を与えるだけではありません。聞き手であるあなたも相手を誤解するのを防ぐことができますし、また要点を繰り返すことになりますから、あなたの記憶にも強く長く残ります。ですから会話でも会議でも、重要案件や複雑な内容に対して「セイバック技法」を利用してみる価値は高いのです。それに要領を得てしまえば、難しいことはありません。

具体的な使用法は、次の３つのステップです。

STEP 1　合図する

初めに、あなたは話し手から聞いたことを自分が理解できているかを確かめたいという意図を伝えます。次のような表現を使用することができます。

- So, you seem to be saying that ...
（それで、あなたは…とおっしゃられているようです）

- Alright, let me just be sure I'm following you. You feel that ...
（なるほど、私が理解しているか確認させてください。あなたは…とお感じです）

- I see. So let me put it this way.
（分かりました。ではこういうことでしょうか）

STEP 2　要約する

合図した後で、主要なポイントを短く述べます。シンプルな文を使い、事実を述べてください。この際にあなたの判断基準を持ち込まないように注意しましょう。

例えば、

> You introduced a great idea about ...
> （あなたは…について素晴らしい考えをご紹介くださいました）

というように、あなたの判断基準は含まずに、

You mentioned that ...
（あなたは…とおっしゃいました）

Your view is that ...
（あなたの見解は…です）

のように、あくまでも相手の述べた事実をまとめるようにします。

STEP 3　確認する

最後にあなたの理解が正しいかどうかを、話し手に確認してもらうようにお願いします。次のような表現を使うことが可能です。

- Is that about right?
（だいたい合っておりますでしょうか）

- Did I get your key concerns?
（あなたの重要な事柄は押さえておりますでしょうか）

- Have I understood the main issue?
（私は要点を理解しておりますでしょうか）

この段階で相手は、先に挙げた医師のようにあなたが適切に理解していることを確認してくれるのはもちろん、説明を補ってくれたり、正してくれたりするでしょう。この後で、あなた自身が自分の意見や感想やアドバイスを述べる番がやってくることになります。

もちろん話が短い場合や話の内容がそれほど深くない場合は、この３ステップを踏む必要はありません。話が複雑だったり、長かったり、重要だったりする場合にこそ威力を発揮してくれる技法だと言えるでしょう。ただ話が簡単である場合にも、セイバックと同様に、聞き手が単なる「うなずき」を超えて、理解できたことを話し手に伝える表現を選ぶことは、やはりコミュニケーションを効果的にしてくれます。

例で見てみましょう。

A We just got a big order from Malaysia. They want us to deliver the order in five different cities.
（マレーシアからちょうど大量注文が入りました。５都市に配送して欲しいそうです）

B That sounds complicated!
（それは複雑そうですね）

ここでＢさんが上のように応答せずに、ただ "Yes. I see. Uh." と反応したら、どうでしょう？　Ａさんの話が聞こえたようではあるのですが、果たして理解してくれたのかは明らかではありません。一方で "That sounds complicated!" のように、単に聞こえたという応答以上に話を理解したことを裏づける答えであれば、話し手は相手の理解が確認できて満足なのです。

母国語で考えると分かりやすいですね。一生懸命自分の趣味について話しているあなたに、夫や妻や友人が「あぁ」「そう」としか言わなければ物足りないはずです。「それは楽しそうね」「それは難しそうだね」「それは面白そうだね」と理解を示されたほうが数倍嬉しいに違いありません。ビジネスでも同じです。上司や部下や顧客は、自分の話があなたに理解されたことを確認して良い気分になったり、安心したり、次の会話へのステップにしたりしています。"That sounds ..." で始まる文は、そんな良質なコミュニケーションの応答として大変役立つ表現です。

次のように話を理解したことが確認できる形容詞を選択するだけで、話し手が喜ぶ合図が送れます。

> That sounds ... (interesting/boring/easy/difficult/fascinating/terrible/exciting/complex/great/challenging)!
> （それは面白そう／退屈そう／簡単そう／難しそう／心魅かれそう／ひどそう／興奮しそう／複雑そう／すごそう／やりがいがありそうだね）

いかがでしたか？ 「セイバック技法」はたった３つのステップで使用できる実にシンプルな技であるとお分かりいただけたかと思います。それでいて、話し手へのインパクトは絶大な上に、コミュニケーションの展開も楽にしてくれるのです。それは、あなたの言い返す行動が、きちんと耳を傾け理解していることを話し手に強く印象づけるからです。すると話し手と聞き手の間には、建設的なコミュニケーションを志向する共通認識が育まれ、信頼関係も向上します。

こうした「セイバック技法」によってもたらされた両者のつながりは、コミュニケーションが緊張した状態にあったり、決裂していたりするような場合（例えば、多難なビジネス交渉や無理なお願いなど）にも非常に役立ちます。そんな状況では、疑念や誤解が噴出しがちですが、「セイバック技法」が不信感や勘違いを軽減してくれるでしょう。

事実、あなたがこの優れた技法をグローバルビジネスで多用すれば、あなたはより強固な信頼を寄せられたり、もっと一緒に働きたいという思いを抱かれたりしていることに気がつくでしょう。なぜなら、聞き手は自分の理解を直球で返してくるあなたに、ただ消極的にうなずいているのとはまったく異なる、強力な手応えを感じずにはいられないからです。

セイバック技法は、簡単な3ステップで、
コミュニケーションの障壁を次々と解決してくれる。

4.「セイバック技法」を練習する

では、実際に「セイバック技法」を練習してみましょう。

ここにビジネスウーマンＹさんの陳述を書き起こしたものがあります。

すべての人がそうであるように、このＹさんの話にも未完成の文、細切れとなった単語、文法上の誤り、まとまりのない流れなどが見られます。聞き手の役割は、こうした言語上の難題をとりあえず無視して、要点を理解することにあります。こうしたことはいちいち意識しないものの、すでに母国語で大部分の方が経験済みでしょう。

あなたは今、ＹさんとY会議室にいて、Ｙさんからアドバイスを求められています。

> So, uh, we went to Brazil uh last wee- month, and we are getting ready to open an office in Brasilia —that's uh the capitol you know. It was really hot there and I got some stomach uh problem. Anyway, we were checking about the gover- gov government

rules, rules to open for opening an uh office. They told us, I mean the government officer, said the we had to apply to register our company. It had to done be done at the Department of Labor. But we went there, and they another officer said that we had to wait for three, no four, yeah four months to get our the application approved. We were totally shocked by the long delay. So I met someone at our hotel bar from Germany, and he was doing the same trying to do to make a art gallery. He said everyone uses an agent to make companies, and actually you have to pay extra because the agent makes extra payment to the government officer to get the application approved in a week. We came back to Asia to discuss the situation with our team. Everyone there does it—pays the extra money for the agent to give the government officer. So what do you think? Is it right?

（それで、えーブラジルに、あー先週、先月に行って、ブラジリアにオフィスを開く準備をしているところなの—そこは、え一首都ってことね。とっても暑くて、あー胃を悪くしたわ。それはそうと政、政、政府規定、えーオフィスを開く規定を確認していたの。彼らが言うには、政府の役人ってこと、法人登記出願をしなければならないということなの。手続きは労働省で行う、行う必要があったの。でも行ってみると、かれら、もう一人の役人

> に、出願が承認されるまでに3ヵ月、いえ、4、4ヵ月待たなければならないって言われてしまって。長い延期に完全にショック状態。そうしたらホテルのバーでドイツから来ていた人に出会って、彼は画廊を開こうと同じことをしていたところだったわけ。彼が言うには、皆、会社立ち上げには代行業者を利用するんですって、業者は役人に追加料金を支払って1週間で出願書類を通してもらうから、実際には料金以上を払うことになるんですって。チームと話し合おうとアジア本社に戻ってきたわけ。あそこでは皆それをやっている、つまり代理業者が政府役人に渡す追加料金を払っている。で、あなたはどう思う？　正しいことかしら？）

さて、Ｙさんの問題を聞き終わり、あなたの話す番がやってきました。どのようにセイバックしたらいいでしょうか？

ビジネスにおける賄賂について、あなたの見解をいきなり述べる前に「セイバック技法」を利用してみましょう。目を閉じてあなたの言葉で何が彼女の話の要点なのかを考え、次に声に出して言ってみてください。

次のようにまとめられるかもしれません。

> So, you seem to be saying that:
> (それで、あなたは次のように言っているようね)
>
> Your company wants to open an office in Brazil.
> （あなたの会社はブラジルにオフィスを開きたい）

According to the government there, the application takes four months.

（現地政府によると、出願審査が４ヵ月かかる）

But you can hire a local agent, who will pay a government officer to approve your application in a week. And this seems to be standard business practice.

（でも現地出入り業者を雇えば、一週間で出願許可をしてもらうために政府役人にお金を渡してくれる。これは標準的なビジネス慣行と思われる）

Have I understood the situation correctly?

（私は状況を正しく理解しているかな）

あなたのセイバックした努力によって、彼女の組織立っているとはとても言えない情報が、いくつかの要点に凝縮されたことにお気づきいただけたでしょうか？

これもセイバックすることの重要なメリットのひとつです。焦点の定まった効率的な会話を展開していくことが可能になるのです。また、もしも話し手にとって大切な情報をあなたが削除してしまったとしたら、あなたが正しく理解できたかどうかを確認する段階（上記ステップ３）で付け加えてもらうことができますから、情報の欠落や誤解の心配はまったく無用です。

**「セイバック技法」は話の要点をまとめ、
効率的な会話の展開を可能にする。**

5.「セイバック技法」の意義のまとめ

もうすでにお気づきの方もいらっしゃるでしょう。

良い聞き手になるということは、積極的に話すことによって実現されるのです。

皮肉な話ですよね。つまり良い聞き手とは「はい。なるほど」とうなずいている人ではなく、建設的な会話を推進していく人なのです。そしてセイバックは、その推進力のひとつとしての意義を持っています。こうした聞き手と会話ができることは、話し手にとって非常に感謝すべきことです。なぜなら明瞭に分かりやすく話すことは、本来は話し手の責任であるはずなのに、聞き手がその役割を積極的に担ってくれるからです。

すでに第1章で述べましたが、ほとんどの人が抱えるコミュニケーションの問題とは、話し手が自己中心的である点です。肝心なのは、相手がどのくらい理解したかという点なのに、話し手はそれを過大評価してしまっています。そもそも相手の理解度が100%なんて起こり得ないのです。聞き手は常に、自分の偏見や期待や予定というフィルターにかけてしまっていますから。

そこで、「セイバック技法」の登場です。「セイバック技法」は重要なビジネス会話において、話の要点が相手に的確に理解されたことを保証してくれます。話が複雑であるほど、難しい局面であるほど、「セイバック技法」の価値を実感していただけるでしょう。この技法を使用するかしないかは、聞き手の責任です。

ただし、優れたマネジャーが話し手であれば、相手に適切に伝わったかどうかを次のように確認してくるかもしれません。

> So could you recap for me what you see as the main points?
> （では、あなたが理解した要点を繰り返してくれますか）

こんな風に振られた時のためにも「セイバック技法」を練習しておくと、あなたは輝くチャンスを得て心ときめくことになるでしょう。

4-2 優れた質問をするための IQR戦術

1. 優れた質問をする技術

グローバルコミュニケーションレベルで優れた聞き手になるためには「セイバック技法」と並んで、「優れた質問をする技術」も欠かせません。

良い質問をするのは、想像以上に難しいことです。

その一因となっているのは、質問が状況によって大きく左右されることです。例えばショッピング中に友人が "I am hungry." と言ったら、良い質問はおそらく "What do you want to eat?” あるいは “Where would you like to go?” のようなものでしょう。しかしビジネス会話の話題はずっと複雑なもので、あなたが聞き得る質問は実にバラエティーに富んでいますから、優れた質問を選択するのはそんなに単純なことではありません。

しかも、ある種の質問は聞き手の理解度を暴露してしまうので、深い理解を示そうと思うと、質問をするという行為は簡単ではなくなります。もし事実についての質問（how much, how long, which type, what part, where ... など）しかできなければ、理解が表面的であるとみなされそうですし、一方で原理や本質（原因、選択肢、因果関係）に関わるような質問ができれば、メッセージをかなり深いところまで理解した証だと捉えてもらうことが可能でしょう。

ここで、前のセクションでご紹介したブラジルにオフィスを開設しようとしているＹさんのエピソード（p.164）をもう一度取り上げて、優れた質問について具体的に考えてみましょう。

Ｙさんの話を聞いた同僚が次のような質問をしたとします。

> How many government officers did you talk to?
> （何人の政府役人に話したのかな）
>
> How much extra money has to be paid?
> （追加料金はどのくらい払わなければならないのかな）

> What was the age of the German person?
> （そのドイツの人は何歳くらいの人だったの）

この同僚は、話の詳細は理解しているのかもしれませんが、本質的なことを完全に理解しているとは言いがたいレベルでしょう。優れた聞き手というのは、もっと根本に関わる質問をして、ずっと深い状況への理解を示してくるはずです。

例えば、次のように質問してくるかもしれません。

> What are the laws in Brazil about such extra payments?
> （そのような追加料金についてブラジルの法律はどうなっているのかな）
>
> How extensive is the practice?
> （その慣行はどのくらい広範囲に行われているのかな）
>
> What consequences would the payment have for your company?
> （その支払いは会社にどんな結果をもたらすのかな）

こうした質問をすると、質問自体が問題に関する知識を掘り下げ、建設的な会話をリードしていくとお気づきいただけるでしょう。このような優れた質問をすると、会話、会議、交渉、ブレインストーミングなどが実りのあるものになることは簡単にご想像いただけるはずです。

では、このような優れた質問をするための具体的な方法についてご説明しましょう。

優れた質問は、論点についての知識を掘り下げながら建設的な話し合いをリードしていく。

2. IQR戦術は、良い質問のための3ステップ

有意義な質問をするための3つのステップを、私はIQR（Issue-Question-Resolution）戦術と呼んでいます。

それぞれのステップは次の通りです。

STEP 1　Issueにズームする

会話というのは、多くの話題を含んだり、複雑化したりするものですから、その中では何について質問することも可能です。

話し手自身は通常、自分が話した内容は明快だと思っていますし、聞き手が何について質問してくるかという前知識はありません。そこへあなたが単刀直入に "what about ..." のように質問を切り出すと、グローバルコミュニケーションでは、唐突だったり、乱暴であったり、積極的すぎたりする感じがあります。

ではどうするかと言うと、これは良い質問をするための第一歩ですが、あなたが何に関心を持っているかを相手に告知することです。

私は、これを「issue にズームする」と言っています。

これはグーグルマップで、探している目的地が含まれるエリアへズームインする感覚と同じです。次に目的地への行き方を見たり、近隣の様子を探るためにピンポイントしたりすることになりますが、その前提としての行動です。まず話の全体の中から関心のあるエリアへとズームインする質問を始めて、その次にもっとピンポイントする質問をすることになります。

このズームインする質問の始め方に適した表現には、次のようなものがあります。話し手の情報を明確に理解できた場合とそうでない場合について、それぞれ表現を挙げてあります。下線部に特に注目してください。

▶ 話し手の情報を明確に理解できた場合

- You mentioned that airplanes are safer than before.
（あなたは航空機が以前よりも安全だとおっしゃいました）

- You discussed the reasons behind the increase in complaints.
（あなたは苦情の増加理由について話されました）

- You showed us data about recent trends.
（あなたは最近の傾向についてのデータを示してくださいました）

- Your presentation covered the costs of opening a new factory.
（あなたのプレゼンは新たな工場開設コストについて扱っていらっしゃいました）

▶ 話し手の情報を理解できたかどうかが不確かな場合

- You said something about libraries disappearing in the future.
（あなたは将来的に図書館が消えて行くというようなこと

を言ってました）

- You remarked about the use of technology in schools.
（あなたは学校におけるテクノロジー使用について述べました）

- You alluded to the problems faced by developing countries.
（あなたは開発途上国が直面している問題について示唆しました）

- I believe you made a point about electrical consumption.
（私は、あなたが電気消費量についてご指摘されたと考えております）

上に挙げた表現はすべて、これからあなたがする質問の前提として、まず関心を持つエリアへと会話の焦点を合わせる機能を持っています。

個人的な会話で有用なことはもちろん、会議やプレゼンでは必須のものと言っていいでしょう。会議やプレゼンの会話は内容が豊富ですから、話し手のみならず参加者全員の注意を、これからの質問に関連する特定のエリアへと引き付けておくのは重要なことです。

会話の内容、グループの大きさ、参加者の関係などよって、「issue にズームする」前に、あなたがこれから質問をするということを伝えたい場合もあるかもしれません。その際には単純にスマイルを浮かべて "I have a quick question!" というだけで、話し手にも他の参加者にも、あなたが質問をするつもりだということが伝わります。

実際に「issue にズームする」をやっていただくと、解説を読むよりも格段に簡単であることがご理解いただけるでしょう。

ですので、ここでクイズを出題しましょう。

Q 下線部の空欄に入る正しい動詞を、下のボックスの中から選んでください。

1. You ______ something about cultural adjustment.
2. I believe you ______ a point about the banking industry.
3. You ______ on the Christmas shopping period.
4. You ______ us several examples of dangerous cities.
5. You ______ about prices for raw materials.

commented / made / mentioned / talked / showed

A

1. mentioned **2.** made **3.** commented
4. showed **5.** talked

訳：1. あなたは文化的な調整のようなことについておっしゃいました。／2. 私は、あなたが銀行業についてご指摘されたと考えております。／3. あなたはクリスマスのショッピングシーズンについてコメントされました。／4. あなたはいくつかの危険な街の例を示されました。／5. あなたは原料価格についてお話しされました。

このクイズの選択肢は「issue にズームする」にあたって役立つ動詞ばかりです。状況に応じて文の後半を変えていただくだけで、質問する際のお膳立てをしてくれます。

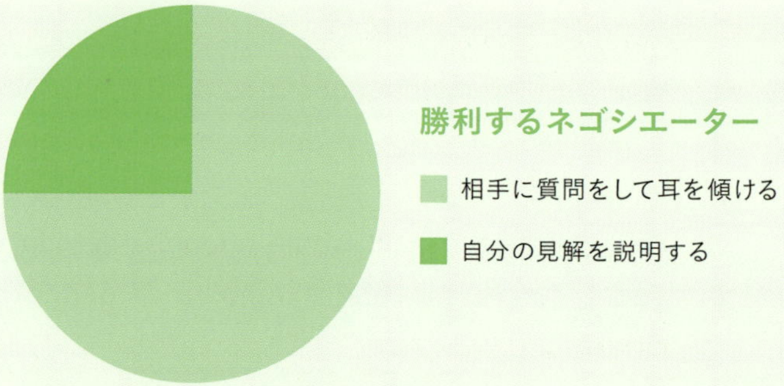

ビジネス交渉は、質問量で決まる？

ビジネス交渉を成功させる要素はいったい何か？

ハーバード大学ビジネススクールの研究は、ビジネス交渉時の発言について調査し、成功の要素を抽出しようと試みた。

その結果、ビジネス交渉で多くの利益を得られる人は、自分の見解を説明するよりも、相手に質問をしてその応答を注意深く聞くことに時間をかける傾向があることが判明した。

上のグラフが示すように、ビジネス交渉で成功した人は、後者の行動に約75%の時間を費やしていたのだ。

STEP 2　いよいよ質問する（Ask Question）

さて、「issue にズームする」の次のステップは、いよいよ質問です。質問には、２つのタイプがあることをご存知でしょうか？

▶ 質問の２つのタイプ

- 情報を求める質問（Who, Why, How, Where ...）
- Yes/Noを求める質問（Are you, Do you, Is it possible to ...）

どちらのタイプを使用してもいいのですが、「情報を求める質問」は本質や根本を扱うのに適しており、長い回答を求める傾向があります。

情報を求める質問を使って本質や根本について尋ねるには、次のような表現が役立ちます。

▶ 情報を求める質問

- How do you deal with ...?
  （…にはどのように対処するのですか）

- What exactly did you mean by ...?
  （…は正確にはどういう意味なのですか）

- What caused you to ...?
  （何があなたに…させた原因ですか）

- How did you arrive at your view about ...?
  （どのように…についてのあなたの見解に至ったのですか）

アメリカのほとんどの大学教授は、学生に「おろかな質問なんて存在しない」と口を酸っぱくして言っていますね。

これは当然のことです。コミュニケーションというのは非常に複雑極まるもので、あらゆる部分が簡単に誤解される可能性があるからです。だからこそ、事実であろうが本質であろうが、何でも質問するべきだと促しているのです。

あなたも会議で「こんな質問したら恥ずかしいかもしれない」という思いで、質問を躊躇していた経験をお持ちでしょう。

でも一般法則から言えば、会議やコンファレンス中に出た質問ひとつひとつについて、少なくとも聴衆の10%が聞きたくとも聞けずにいたと考えていただいて構いません。その理由はたったひとつで、あなたが躊躇する理由とまったく同じです。ただ恥ずかしい思いをすることを恐れて、知識をあきらめてしまったのです。つまりあなたが勇気を出して質問すれば、心の中では拍手喝采を送って感謝する人は多いわけです。

ではここで、情報を求める質問をする際に頻繁に使う表現について、クイズをしてみましょう。

Q 文法知識と前後関係から、下線部の空欄に入れるべき適切な疑問詞を考えてみましょう。

1. _____ did you arrive at your view about the decline of the car industry?

2. I noticed you didn't mention competitors. _____ is that?

3. Could you explain again for me _____ the farms are located?

4. Can you give me an example of _____ you have in mind?

5. _____ exactly did you mean by comparing Chinese and Indian manufacturing?

6. _____ caused you to say that typhoons are becoming stronger?

7. _____ do you deal with patients who do not take their medicine?

A

1. How **2.** Why **3.** where **4.** what
5. What **6.** What **7.** How

訳：1. どのようにして自動車業界の不振についてのあなたの見解に至ったのですか？／2. 競合他社について話されませんでした。どうしてでしょうか？／3. 農場がどこにあるのか、もう一度説明してくださいますか？／4. あなたが考えていることについて、例を示してくれませんか？／5. 中国とインドの製造業を比較するというのは、正確にはどういう意味なのですか？／6. 台風が勢いを増しているとおっしゃった原因は何ですか？／7. 薬を飲まない患者にはどのように対処するのですか？

ビジネスリスクを回避するための質問とは？

ビジネス会話は時として複雑かつ難解で、専門用語までちりばめられると一回聞いただけでは理解が難しいことがよくある。だが、それをうやむやにしてしまうことほど、ビジネスにとって危険なことはない。

そこでどうしても必要になるのが、話の内容を確認し、理解しやすくすることを目的に、さらなる説明を求める表現だ。相手の話を十分に理解することは、優れた質問をするための前提であり、建設的な会話を創造するための原動力であることを常に心に留めておこう。

- Could you say a bit more about ...?
  (…についてもう少し話してくださいませんか)

- Could you expand on ...?
  (…についてもっと話してくださいませんか)

- Could you (just) talk us through ... again?
  (…についてもう一度話してくださいませんか)

相手の情報に対する自分の理解に不確かさを感じたときには、これらの表現を使用して、できるだけ早い時期に質問するのが理想的である。「後まで待とう」と思っていると、次の関連トピックの理解もままならず、話が進行すればするほど前に戻って質問がしにくくなる。その結果、質問のタイミングを逃して何もかも分からずじまいになる事態が生じてしまうからだ。

STEP 3　解決済みにする（Achieve Resolution）

IQR戦術の最後のステップは、解決です。あなたがissueにズームしてから質問をすると、おそらく話し手は快く答えてくれるでしょう。もしもその回答に満足したならば、下記のような表現を使用して、相手に「解決済み」のメッセージを伝えてあげるのが丁寧です。

- Thanks, that's helpful!
  （ありがとうございます。とても役立ちました）
- OK, now I understand better!
  （分かりました。より良く理解できました）
- That makes sense!
  （納得しました）

ただ、話し手が答えてくれたからといって、あなたが満足する回答であるとは限りません。そんな時は、自分をごまかして上記の表現を使い解決済みにする必要はまったくありません。その代わりに次のような表現を使用して、あなたが求めている回答を話し手から引き出すように試みるといいでしょう。

- Oh, that wasn't quite what I was asking.
  （うーん、お聞きしたかったのはそういうことではないのです）

- Hmm, I see, but could I just ask a follow-up question?
  （ふむ、なるほど、でも続きの質問をしてもいいですか）

その後で、より適切な回答をもらえるように別の聞き方をすると、効果があるかもしれません。

- What I want to ask more about is ...
  （私がさらにお聞きしたいことは…）

- I was really wondering about ...
  （私は…について大変疑問に思っておりました）

さて、以上が優れた質問をするためのIQR戦術の３つのステップ（issueにズームする→質問する→解決済みにする）です。理解度を確かめるために、ここで復習クイズをしてみましょう。

Q 次の質疑応答の７つの文を並べ替えて、正しい順序にしてください。

会社の災害対策についての説明会を聞き終えたKさんが質問をし、話し手がそれに答えています。

1. How do we keep stored water from spoiling?

2. You mentioned key steps for company disaster

preparation.

3. Thank you very much! That's helpful.

4. Stored water will last about six months to one year, if it is kept in a dark and sealed container.

5. One of these steps was about storing clean water.

6. There are water preservatives that you add to extend the storage life to five years. They are inexpensive and I can give you the information later.

7. Oh, that wasn't quite what I was asking. I was really wondering about adding something to the water to keep it fresh for a longer time.

A Issueにズームする I

2. You mentioned key steps for company disaster preparation.

（あなたは会社の災害対策に関する重要なステップを述べました）

↓

5. One of those steps was about storing clean

water.

（ステップのひとつは清潔な水を貯蔵することでした）

質問する Q

1. How do we keep stored water from spoiling?

（どのようにして、貯蔵水が腐らないように保存できるでしょうか）

回答1:

4. Stored water will last about six months to one year, if it is kept in a dark and sealed container.

（暗い場所で密閉容器の中で保存すれば、貯蔵水はおよそ6ヵ月から1年間は持ちます）

続きの質問をする Q

7. Oh, that wasn't quite what I was asking. I was really wondering about adding something to the water to keep it fresh for a longer time.

（うーん、お聞きしたかったのはそういうことではないのです。水に何かを加えて新鮮さをより長く保つことについて大変疑問に思うのです）

回答2:

6. There are water preservatives that you add to extend the storage life to five years. They are inexpensive and I can give you the information later.

（保存期間を５年間まで延長できる水の保存料があります。安価なものです。後ほどその情報をお教えしましょう）

解決済みにする R

3. Thank you very much! That's helpful.

（ありがとうございます。それは助かります）

いかがでしたか？　最初は難しいかもしれませんが、まずはちょっとした日常会話から始めて、そして小さな規模の会議などで試してみてください。できる限り多くの質問を積極的にして実践を積むことが、良い質問を可能にする、つまり素晴らしい聞き手になるための王道です。

優れた質問をするための3ステップは、
I（Issue）Q（Question）R（Resoltion）である。

---

3. 良い質問は、文明に育てられた未来を創るツール

アジアには、気軽に質問することをよしとしない文化を持つ国々があります。

権威ある人物が同席している場合、例えば、企業の偉大なる会長が仕切っている会議などでは特にそういった傾向にあります。数年前に、こういった文化の側面を明らかにした興味深いことがありました。経済学者でイェール大学学長であるリチャード・レビン氏が、北京大学を訪問して21世紀の教育についてプレゼンを行った際の出来事です。プレゼンの最後で、北京大学学長である周其鳳氏も壇上に上がり、彼ら二人は聴衆の質問に応じました。

ある学生が質問をしてきました。

> What should I do to be a good student at each of your universities?
> (私がお２人の大学で良い学生になるためにはどうすべきでしょうか)

優れた質問ですね。なぜなら本質や根本に関わる質問だからです。それはさておき、まず先に北京大学学長である周其鳳氏が回答しました。

> Respect your teachers and study hard.
> （先生を敬い、熱心に勉強することです）

この回答は明らかに中国教育に根づいている孔子の教えを反映していますね。また私の見解からすると、安定的で継続的な教育への志向もあるように感じられます。質問したこの学生は、将来イェール大学へ入学することに関心があり、レビン学長の回答を心待ちにしていました。

そして、レビン学長が答える番になりました。

> Question everything. Always ask: Why? What if? How can we explain it better?
> （すべてに疑問を持つこと。なぜ？ …ならどうか？ どうしたらより良く説明できるか？ と常に問うことです）

彼の答えは、探求と変化に価値を見いだす西洋文化をみごとに反映していました。大学教師は、授業にまじめに出席するだけの速記者ではなく、知識について討議し合える参加者が欲しいのです。そうする過程で初めて、学生は既存の考えに常に挑戦し、新しい考えの有効性を精査し、知識の限界を押し上げられるわけですから。

この原理は、会話からチーム会議、取締役会議まで、あらゆるビジネスにおいて当てはまります。急速にグローバル化が進み競争が激化した世界で、企業はより良い製品とサービスを創造し提供するために、常に学習することを迫られています。そうした学習は、新しい方法を探ろうとして質問する時にこそ実現できるのです。

最も成功した米国ビジネスパーソンのひとりであるジェネラル・エレクトロニック（GE）の元会長ジャック・ウェルチは、次のように書いています。

> An organization's ability to learn, and translate that learning into action rapidly, is the ultimate competitive advantage.
> （組織の学習する能力と、その学びを迅速に行動に移す能力は、競争における究極的な強みだ）

ビジネス界でも学術界でも、人は優れた質問をした時に学習するのです。ですから多忙極まる状況であっても、「質問する」「質問される」という行為は、時間を割いてでも尊重していくべきだと思います。明るい人類の未来を創造してくれるツールですから。

第5章

英語の選び方であなたと
あなたの会話は成功へと導かれる

LANGUAGE CHANGES
THAT WILL ELEVATE YOU AND YOUR CONVERSATION

「通じる」レベルから飛躍する

「通じた」と思っていても、実は「通じていない」——それが、コミュニケーションの落とし穴です。

母国語だって理解されていない場合が頻繁にありますから、ましてや英語であなたがネイティブスピーカー、あるいはノンネイティブスピーカーに向かってメッセージを伝えることは、そんなにたやすい仕事ではありません。前章までは、いかに効果的にそのハードルを越えていくかについて要点を絞ってお話してきました。

この章では、「通じる」レベルから飛躍しましょう。せっかく人と交流するのですから、英語で話をする際にも、あなたの教育レベルや自信や魅力的な性格を反映させていただきたいのです。そして相手が頼りにする、再び連絡を取りたくなる、一緒に仕事をしたくなるという関係を日本だけでなく、アジアで、そして世界中で築き上げていただきたいと思います。

実は、それはあなたが想像しているより難しいことではありません。ここでは、そのちょっとした秘訣を伝授いたしましょう。

一般的にもそうでしょうが、特に英語圏の文化では熱心に会話に参加する人が高く評価されます。これは普通の会話だけでなく、ビジネス会話であっても同様です。そのため会話で好まれる相手の特徴が存在します。

- エネルギー（イントネーションで表現）
- スマイル（ボディーランゲージの一種）
- 熱心さ（態度）

この3つは、あなたが習慣にしている会話スタイルであることを願いますが、もし行っていないことが思い当れば、すぐに取り入れる価値は間違いなくあります。

誰にでも好印象を残せる言葉選び

コミュニケーションにおける態度というのは、実際に取る態度だけではなく、あなたが選んだ言葉にも出てしまいます。

私が教えていたインド人の学生は、かつて授業に出席したことのあるハーバード大学政治学教授に道で偶然出くわした際に、親しみをこめて“What's up?”と挨拶したところ、露骨にいやな顔をされ、後日、謝罪に行ったことがあります。リラックスした関係が主流の米国であってもこんなことが起こってしまいます。あなたも母国語で言葉選びを失敗した経験をお持ちかもしれません。

というわけで、この最終章では誰にでも好印象を残せるフレンドリーかつ真摯かつ楽観的な会話を実現するための言葉選びに、注目してみましょう。

私が長年MBA学生を教えた経験から申し上げますと、これらのノウハウを学んだ後には、ネイティブスピーカーの80%よりも優れた印象を残す会話をする準備が整ったと言っても過言ではありません。

5-1 民主的な文法構造へ

1. 無意識の“ I ”は危険がいっぱい

ちょっと話しただけで、人間の内側を垣間見られることがあります。

前向きな人だと感心したり、取っつきにくい人だと神経質になったり、どうも癇に障る人でイライラしたり。でもこういった印象は、何もその人物と対面で話さなくとも、メールを交換しただけで分かってしまうこともあります。

なぜでしょう？

実はその原因のひとつが、どんな文法を使っているかにあるのです。使用する文法というのは、その人の仕事や会社の同僚や人生そのものに対する考え方まで暴露してしまうことがあります。

文法の影響力についてご理解いただくために、ある分かりやすい例を挙げてみましょう。ビジネスパーソンのNさんが、会社の同僚と親善パーティーを準備している最中です。Nさんが次のように話します。

1. I want to serve chocolate cake.
（私はチョコレートケーキを出したいね）

2. For drinks, I like tea and beer.
（飲み物は、私は紅茶とビールが欲しいな）

3. I prefer to play jazz music during the party.
（パーティーの最中はジャズをかけるのが私の好みだな）

4. I can arrive at 19:00 to help with the preparation.
（準備を手伝うのに19時には私は行けるよ）

5. I have to leave at 21:00.
（私は21時には帰らなければならないんだ）

さあ、あなたはNさんに対してどんな印象を持たれたでしょうか？

積極的に自分の意見は述べているものの、第１章を彷彿とさせるようなME中心（話し手中心主義）のコミュニケーションであることに感づかれたのではないでしょうか？

その自己中心性を匂わせる原因は、すべての文を〝I〟から始めていることにあります。

現実の会話で主語を〝I〟として用いることは非常に多く、自分の要望、責任、行動を表すためには確かに適切です。しかし選びやすいがゆえに、気をつけないと多くの文を〝I, I, I〟と始めてしまい、自分の関心と欲望にばかり積極的であるというネガティブな印象を与えかねません。

ここで奇妙なのは、結果としてＮさんは無意識にネガティブな印象を他人に与えていますが、その理由がＮさんの性格が言葉遣いに反映されているからなのか、あるいは文法力が弱いためについつい文を〝I〟から始めてしまうからなのかは、Ｎさんの人物像を知らない私たちには不明であるということです。

もしも彼自身が非常に利他的な人だったとしたら、これは残念すぎる文法の影響力のいたずらだと言えるでしょう。

では、Ｎさんが次のように言ったとしたら、彼の印象はどう変化するでしょうか？

1. It would be nice to have chocolate cake.
(チョコレートケーキがあると良さそうですね)

2. We could offer tea and beer.
(紅茶とビールを出せるといいな)

3. Jazz music might go with the party theme.
(ジャズがパーティーのテーマに合うかもしれませんね)

4. It's convenient if my part in the preparation begins at 19:00.
(準備ですが、私は19時から担当させてもらえると都合がいいのですが)

5. There is another commitment I need to keep at 21:00.
(外せない別の約束が21時にありまして)

印象ががらりと変わることにお気づきいただけたでしょうか？

このように異なるタイプの文法構造を使用することで、Nさんは英語の堪能さだけではなく、協調性を示すことが可能になります。本書でも、このNさんの例のように、さまざまな文法構造を使って表現する方法をご紹介します。では、順を追って説明していきましょう。

“ I ”ばかりを主語として選ぶと、
ネガティブな印象を与えることがある。

2. あなたの文の実行者を“ I ”から変更する

さまざまな文法構造の文の可能性を追求していく前に、もしあなたが文の主語として “I” を多用してしまう傾向があれば、それをまず改善することから始めましょう。

ご存知の通り、英語の基本的文法構造は次のようになります。

> 主語　動詞　目的語
> I　solved　the problem.

この文では主語 “I” が、動詞 “solve” というアクションを起こす実行者になります。こうした文を組み立てるのは、誰にとっても楽です。また相手からしても、この種の基本的文法構造にのっとった文は理解しやすいのです。

自己中心的な“I”の使いすぎから逃れるシンプルな方法は、この話しやすく、理解されやすい文の構造を使う際に、自分の話したいストーリーに登場する“I”以外の人物や事物を、その文における実行者として、選ぶことです。

では、例を見てみましょう。

1. I want cake.
（ケーキが欲しいですね）

2. You can order the tea and beer.
（紅茶とビールを注文してください）

3. The company has a big budget for the party.
（会社にはこのパーティーの予算がたくさんあります）

4. Our staff will begin to arrive at 18:00.
（スタッフは18時から到着しはじめるでしょう）

5. The party will end at 23:00.
（パーティーは23時に終了するでしょう）

いかがですか？ “I”に頼りきった自己中心的な世界観がなくなり、自然なオフィス会話として機能しています。

主語として選べるのは、実行者としてアクションを起こせる人物や人の集合体、あるいは抽象的でない事物となります。実際の論点がある会話では、選択できる実行者は通常限られていますから、それらを会話の流れに合わせて選び、基本的文型に入れていくことになります。これは初級スピーカーのための実に優れた文と話の組み立て方法です。

“I”への依存から離脱する簡単ステップは、
意識してバラエティーある実行者を選ぶこと。

3. 基本的文法構造から飛躍してみる

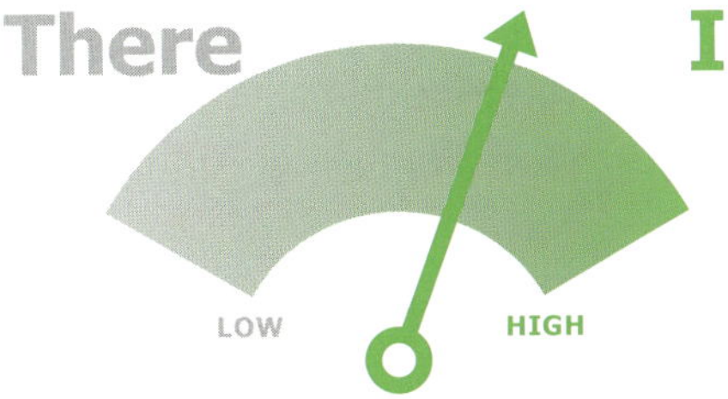

言語のインパクトの調整

このようにバラエティーある実行者を主語として選べるようになった後で、次のステップとなるのが、「文のインパクトを調整しながら、同じ意味の文でもさまざまな視点から構成する」ことです。

文法構造を変える必要があるわけですが、これは初級スピーカーを超える技と言ってもいいでしょう。

具体的に見ていきましょう。次の文は、すべて "I solved the problem." を異なる文法構造で言い換えた例です。

1. 受身形にする
The problem was solved by me.

2. 受身形で "me" を使用しない
The problem was solved.

3. "There" で始める
There was a way to solve the problem.

4. "It" で始める
It was easy to solve the problem.
※この文で "for me" を使用することも可能：It was easy *for me* to solve the problem.

5. 行動を表す動詞を名詞に変える
There was a solution to the problem.

6. "It" と "there" を用い、行動を名詞にする
It seems there was a solution.
※この文で "to me" を加えることも可能：It seems *to me* there was a solution.

7. 行動を主語として用いる

A solution to the problem was found.

※この文で "by me" を加えることも可能：A solution to the problem was found *by me*.

"I solved the problem." と同じ意味を "I" を使用せずに表現するには、なんと７通り以上もの方法があるのです。表現方法には、実にさまざまな選択の自由があることを感じていただけたのではないでしょうか？

あなたのスピーキングでは、何種類の構造を使っていらっしゃるでしょうか？　ほとんどの方が簡単な１や２を使用している一方で、コミュニケーション上手な方だけが、洗練された５、６、７を含めて使い分けを行っています。この洗練された文の構造の使い分けは、コミュニケーションをより丁寧なものにしたり、責任の所在をあいまいにしたり、客観性を高めたりと、ビジネス基礎英会話より上のレベルでは必須のものです。

実際に言い換えている例で比較してみると、よくご理解いただけると思います。

a. You should send the package tomorrow.

押しつけがましい感じ

➡ It might be good to send the package tomorrow.

ソフトなお願い

b. I broke the computer.

あなたはトラブルを起こしている

➡ The computer was broken.

何が原因かは不明

c. I evaluated her plan.

自分を優位な立場に置いている

➡ There was an evaluation of her plan.

客観的

同じ意味を伝えるにも文法構造の選択肢があり、文のインパクトを調整できる。

4. さらに洗練も加味してみる

まず上の例文Cに注目していただき、動詞 "evaluate" を名詞 "evaluation" に変化させたことで客観性と同時にプロフェッショナル度が増していることを感じてください。

もしもあなたがより高いレベルのコミュニケーションを目指すのであれば、頭の中でこういった動詞から名詞への変換を素早く行う必要があります。では、ここでちょっと練習してみましょう。

Q **次の10の動詞を15秒以内に同じ意味の名詞に変えてみてください。**

a. progress
b. manage
c. discuss
d. estimate
e. approve
f. warn
g. insist
h. consult
i. decide
j. criticize

A a. progression b. management c. discussion
d. estimation e. approval f. warning
g. insistence h. consultation i. decision j. criticism

すべての名詞形が思い浮かびましたか？

もしもこのクイズを難しいと感じた場合は、インターネットから関心のある記事を選び、その中の動詞を名詞に変換する練習をしてみてください。どのくらいの割合で名詞形に変換できるでしょうか？　行き詰まった場合は、シソーラス（類義語辞典）をワードソフト、辞書、ウェブサイトで調べるようにしましょう。

この練習は、非常に優れた語彙増強法です。すでに知っている動詞を名詞形にするだけなので、いちいち新しい単語の意味を調べる必要がありません。また文脈の中で単語の使い方も分かります。それに関心のある記事を読みながら行う学習は記憶にも残りやすくなります。

もちろん先の１～７のような文法構造のバラエティーを、話す文すべてに使用する必要はありませんが、スピーキングあるいはメールの文で"I"を多用することを避ける意識だけは常に持っていて正解です。特に相手に頼み事をする場合にはこの点に配慮しないと、自分本位の態度が一段と強調されてしまいますから、ご注意ください。

5-2 名前の威力は無視できないほど絶大

1. 名前を呼びかけることの効果は立証済み

好印象を残せる会話を実現するための言葉選びについてお話ししていますが、２つ目にご紹介したいのは、文化的であり、科学的なものです。

それは単純に、相手の名前（ファーストネーム）をあなたの文に入れて呼びかけることです。

名前を呼びかける頻度は、文化によってかなり違いがあります。東アジアのビジネス会話では苗字の使用が主流であるために、英会話にしても他人の名前を呼びかけることを躊躇するようです。また、会話中に一回だけ呼びかけるのならともかく、恋人や伴侶でない人に何度も呼びかけるというのは、相当の違和感が伴うようです。

ですが、国際的なコミュニケーションでは相手の名前の多用があなたにかなり有利な展開を約束することは、どうしても否定できません。

今から80年も前に、相手の名前を呼びかけることの威力に気づいていた人物が、デール・カーネギーです。彼の有名な著書 *How to Win Friends and Influence People*（邦題『人を動かす』）には、人にあなたを好きになってもらう６つの方法のひとつとして、次のように述べられています。

> Remember that a person's name is, to that person, the sweetest and most important sound in any language.
> （どんな言語においても、人の名前は、その当人にとって最も快く大切な響きがあることを覚えておくといい）

人は相手が呼びかける自分の名前を聞くことが大好きなため、あなたは相手の名前を文に含めるたびに好感度を高めていっているというわけです。

この書におけるデール・カーネギーのアドバイスは主観的かつ経験的ですが、英語コミュニケーションにおける人間性についての彼の洞察には本当に驚くべきものがあります。事実、相手の名前を使うことによるパワーは世界中の人々に経験され、報告されています。その威力については、私がここでご説明するより、ぜひともあなた自身で実験してみてください。

例えば新しく仕事を通して知り合いになった外国人女性に対し、名前で呼びかけてみましょう。

次のような素晴らしいことを、身をもって実感できるはずです。

- 彼女はあなたと頻繁にアイコンタクトする
- 彼女はスマイルを浮かべる
- あなたやあなたとの会話が彼女の記憶に残りやすくなる
- 彼女はあなたが自分の名前を覚えてくれたことに対して敬意を表する
- 彼女はあなたにより注意して耳を傾けてくれる
- 彼女はあなたに対して良い人だという印象を持つ

これが、名前を呼びかける効果です。相手があなたを魅力的に感じたかどうかは別問題で、名前を呼びかけるだけで、相手はここまで好意的に応じてくれます。ここでは外国人女性を例としましたが、性別はもちろん関係なく、あなたが男性で男性に呼びかけても、あなたが女性で女性に呼びかけても、結果はほぼ同じはずです。

名前を使う効果は、経験値からだけではなく、今日の発達したテクノロジーによってもその影響力が証明されています。MRI

を使って、他人の名前を聞いた時と自分の名前を聞いた時の脳活動のパターンを比較してみると、自分の名前を聞いた時は脳活動がより著しく活発化することが知られています。

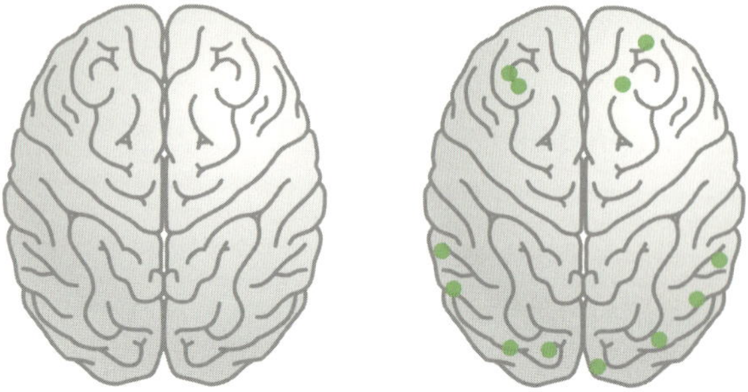

他人の名前を聞いた時（左）と自分の名前を聞いた時（右）のMRI。
自分の名前を聞いた時に反応した部分は緑の点で示されている。

かくして、人は自分の名前がものすごく好きだというデール・カーネギーの洞察は、科学的にも証明されたわけです。そしてこのパワフルな技術を使用するために脳科学者になる必要はまったくなく、ただ文に相手の名前を含めるだけでいいのですから、使わない理由はありません。

相手の名前を呼びかけないのは、
発展的コミュニケーションを諦めたに等しい。

2. 名前を呼びかける具体的方法

相手の名前を呼びかけることのメリットは理解できたとしても、名前を呼びかける文化的伝統がない国々の方にとって、実践するのは意外に難しかったりします。

名前を呼びかける構造で最も簡単なものは "So + name" なので、まずそこから始めていくのがいいでしょう。次の例のようになります。

> So, Julie, how was your vacation?
> （それでジュリーさん、休暇はいかがでしたか）
>
> So, Ken, we should talk about the party.
> （それで健さん、パーティーについて話す必要がありますね）

相手の名前を呼びかけるのが最も適しているのは、会話の最初と最後ですが、長い会話の場合は中間で使うことも適しています。現代の北米スタイルのビジネスではほとんどの場合、ファーストネームで相手を呼びかけるのが基本であり、特に定期的に一緒に仕事をするような人に対しては、カリスマ上司であったとしても同様です。

ですが世界的規模で考えた場合、初めて交流する時には、保守的になって苗字に "Mr." や "Ms." をつけた方が安全な場合もあります。ですから初対面の相手と会話をしていて、あなたが相手の名前を呼びかける威力を利用したければ、積極的に "Just call me Masao." などと言って、相手のこともファーストネームで呼びかけられるフレンドリーな状況に持っていくことも一案です。

この技術を使用するには、言うまでもなく相手の名前を覚えることが絶対条件になります。そのためには、いくつかの良い方法があります。もしもあなたが特定の国、例えばドイツ人と働く機会が多いのであれば、一般的な男性と女性の名前を知っておくことも役に立つでしょう。次のようなものがあります。

Paul	Anna
Lucas	Marie
Felix	Sophia
…	…

こういった情報は、グーグルで簡単に探せてしまいます。ただ発音を間違えるとその効果を台無しにしてしまう可能性がありますから、きちんと押さえておくことが肝心です。

現代のアメリカでは、両親が子供に伝統的な名前と一般的でないスペリングを授けることが流行っていて、ネイティブスピーカーであっても混乱することがあります。たとえば、Mykal=Michael, Cathi=Cathy, Cera=Sarah のようになります。

どこの国のものであっても人の名前の発音を調べられる便利なサイト（www.hearnames.com）がありますから、風変わりな名前に遭遇した時は確認しておくといいでしょう。

初対面の人に対しては、早い機会に相手の名前を使用することが肝要です。そうすれば相手の名前がうまく聞き取れなかった時でも、聞き直すチャンスがあります。私でも相手が自己紹介で英語の名前を述べた時に聞き取れない場合がよくありますから、正確に聞き取れるまで努力して正解です。大多数の人は、自分を名乗る時にあまりにも素早く名前を言い終わる傾向がありますから、馴染みのない名前であれば、聞き取れないのは当たり前です。

そんな時は、次のようにお願いするといいでしょう。

> I really want to get your name right. Could you say it again for me?
> （あなたのお名前をぜひとも正確に理解したいです。もう一度教えていただけますか）

もしも相手の名前を聞き取るのがあまりにも難しい場合は、次のように言っても問題ありません。

> Oh, that sounds interesting—how do you spell it?
> （おお、興味深い響きですね、どういうつづりになりますか）

相手が名刺を持っていない場合には、つづりを書いてもらうといいでしょう。また相手が名乗った後に珍しい名前に気がつけば、雑談を始めるための良い手があります。それは、名前の意味を尋ねることです。

> Does that have any special meaning?
> （何か特別な意味があるのですか）

あなたがこの質問をすれば、当然ながら相手もあなたの名前の意味や由来などについて質問してくる可能性が大ですから、準備をしておくと万全です。

それから、もうお気づきとは思いますが、あなたが名乗る際にはゆっくり、はっきりと相手が理解しやすいようにすると感謝されることになります。

英語圏の人にとって、アジアの人々の名前は聞き取るのも覚えるのも難しいものです。私が教えたことのあるインド人の学生の名前が、Venugopalannairradhamoniだったのを今でも覚えています。素早く自己紹介されてしまうと、超人でもない限り聞き取ることは、ほぼ不可能です。

会話の始めに、相手の名前を正確に把握するために少しの時間を割くことで、相手の脳活動を最大限に活性化し、会話全体を通してポジティブな成果を期待できることになります。そして会話の締めくくりに至ったら、ぜひもう一度、相手の名前を呼びかけてください。

Thank you, Mykal, for your help today! I really appreciate it.
（マイケルさん、今日はご助力いただいてありがとう！　本当に感謝しています）

相手の名前を使用することは、信頼を築き、コミュニケーションを活性化するための最も簡単な方法のひとつであることをご理解いただけたでしょうか？　その効力は、時や場所や状況によって失せることがありません。あなたがパーティーを企画していようが、企業合併を交渉していようが、大統領と会話していようが、相手の名前を呼びかけることは、あなたの大小の成功を間違いなくサポートしてくれるでしょう。

少なくとも会話の最初と最後で相手の名前を呼びかけ、
会話をサンドイッチするように心がけよ。

相手の名前を呼ぶルールは、完全グローバル化に時間がかかりそう

創立から268年間、なんとイェール大学は男子校だった。1969年に初めて女子学生の入学を許可することになった時、すべての男子学生は胸をときめかせたそうだ。時は流れ、現時点での男女比は5対5と同率である。

女子学生を受け入れる以前は、新入生から教授まで全員がMr.＋ラストネームで呼び合っていたと聞く。Mr. Brewsterのように呼ぶことは、平等なコミュニティーの一員としてお互いに同等の敬意を持って交流し合うのに適していたというのが理由だそうだ。 女子学生が入学するとその伝統の改変が余儀なくされ、さらに近年では誰もがフォーストネームで呼び合うようになっている。

ファーストネームで呼び合うことは、英語で話す時の常識のようになりつつあるが、この傾向が逆行している場所が存在している。そのひとつが、ドイツだ。私などは、Herr (Mr) Doktor (doc-tor) Professor Vanceと呼ばれてしまう。 だから "Just call me William." とお願いすることにしている。

世界中のどこにいても誰とでもファーストネームで呼び合う。それは想像するだけで素敵だ。でも文化や伝統や個人の

好みがあるので、そうした完全グローバル化は少なくとも近い将来ではないだろう。

5-3 グローバルビジネスの成功の鍵はポジティビティー

1. ポジティビティーが生む奇跡

医師とCEOの共通認識があります。何でしょう？

両者とも、生き残るために優位なのは、楽観的であるということを知っているのです。医学的研究では、楽観的な人はストレスを減らすことができ、長寿で、また一般的な風邪に対してもより高い抵抗力を持っていることが証明されています。ビジネスリーダーたちも、社員の生産性を上げ、会社に利益を生むためには、楽観的であることが極めて重要だと考えています。

米国の一企業に注目してみましょう。大手家電量販店チェーンのベストバイ（Best Buy）は、海外を含めて1000店舗以上を持ち、数十億ドル規模のビジネスを展開する企業です。この企業がある外部コンサルティング会社に社員の貢献と会社収益について調査分析を依頼したところ、１店舗における社員の楽観度が２％上昇すると、年間売上が10万ドル増加することが報告されたのです。

昨今、ベストバイを始めとする多くの国際規模の企業では、社員、チーム、そしてオフィスの中で、いかに楽観主義を育てていくかを重要視しています。刻々と移り行く現代ビジネスで勝ち残るためには、社員の楽観主義から生まれる、前向きさ、建設的態度、エネルギッシュな仕事ぶりが絶対に無視できないというわけです。

ビジネスで勝つためには、
楽観的であることが極めて重要だ。

2. あなたを歪曲するネガティブな言語とは？

人が楽観的であるか否かを計測する方法はたくさんありますが、最も分かりやすいのが言語のポジティブ度です。

最近、ヴァーモント大学のコンピュータ科学者が大変面白い研究をしました。ビジネスで使用する言語についてポジティブ度を調査したのです。

その研究では、ブログ、ツイッター、雑誌から一般的な5000単語を取り出して、各語のポジティブ度を50人に1～9段階で評価してもらい、各単語の評価の平均点を計算して、単語のポジティブ度ランキングを決定しました。

その結果を見ると、death（1.54）と cancer（1.53）は下位に、laughter（8.5）や happiness（8.44）は上位にランクインしています。これは、まったく想像を裏切らない結果でした。

ところが、予想外な発見があったのです。何かと言いますと、一見中庸とも思われる否定を表す "not"（3.86）に対し、極めて高いネガティブ度が隠されていたのです。

"not" はカビ（mold）と酔っ払い（drunk）の間に位置していました。否定する際に使う影響力のない合図のようなものかと思っていた "not" が、じめじめした場所に繁茂するカビや酩酊している迷惑な人と同じネガティブ度を人に与えていたのです。

また "not" が他の表現に含まれる場合、最もネガティブ度が高かったのが "can't"(3.42) で、犯罪組織のギャング(gangster) と 売春婦（whore）の間にランクインしていました。

ここまでご説明すれば、もうお分かりかもしれません。もしもネガティブ度の高い言葉 "not" や "can't" を使いすぎてしまうと、たとえあなた自身が心底から楽観的な方であったとしても、あなたのメッセージはネガティブに聞こえることが避けられないのです。

さらに悪いことには、あなた自身が前向きでなく、建設的でなく、エネルギーもないという、ビジネスパーソンとしては致命的な印象を人に与えてしまう可能性が出てきてしまいます。例文を見てみましょう。

> It's not possible to meet you today, because I can't leave the office.
> （今日お会いするのは無理です。オフィスを離れられませんから）

ビジネス場面でよく登場しそうな表現ですね。ただ "not" と "can't" を両方使っていますから、そのネガティブ度と言ったら、泥酔した犯罪組織ギャングと同等です。こういった表現を多用していたら、どうしたって良くない印象がまとわりついてしまうでしょう。

単語にはポジティブ度があり、
あなたの印象を形作っている。

3. ネガティブさを取り除く方法

近年、ポジティブ・シンキングに対しては可否さまざまな意見があります。

しかしビジネス会話において、ネガティブ表現からポジティブ表現へ転換するように心がけることは、ビジネスパーソンにとって不可欠な質の問題と考えて間違いありません。

ポジティブ表現を使えば、人を不必要に意気消沈させたりしませんから、一緒に仕事がしやすい人になれますし、良好なチームワークを築くことができます。さらには難問を乗り越えていくエネルギーを高めることにも、一役買ってくれるのです。

先に挙げた文から、ネガティブ度を軽減して話す方法を見てみましょう。その方法はたったひとつではありません。

例えば、次のようになります。

> It would be better to meet at another time, since I should stay in the office today.
> （今日はどうしてもオフィスにいなければならないので、別の機会にお会いした方が良さそうです）

また元の文の考えの順序を入れ替えて、同じ意味を次のように伝えることもできます。

> Today has become quite full, so could we reschedule our meeting?
> （今日はかなり埋まっておりまして、面会は他の日に変更できますでしょうか）

ではポジティブ表現を使用する能力を高めていただくために、少し練習をしてみましょう。次の文と同じ意味を "not" を使用せずに表現してみてください。

> **a.** I could not remember her telephone number.
> （彼女の電話番号を記憶できませんでした）
>
> **b.** We have not considered the costs for storage.
> （倉庫保管料は考慮していませんでした）
>
> **c.** Our office doesn't have a television.

（弊社オフィスにテレビはありません）

d. Their meetings do not often begin on time.
（彼らの会議はめったに定刻に始まりません）

解答例は下記のようになります。

a. I forgot her telephone number.
（彼女の電話番号を忘れました）

b. We overlooked the costs for storage.
（倉庫保管料を見落としていました）

c. Our office lacks a television.
（弊社オフィスにテレビはないです）

d. Their meetings seldom begin on time.
（彼らの会議が定刻に始まることは稀です）

"not" を使用しないと、ポジティブで自信があるように変化することを感じていただけたでしょうか？

「しょっちゅう "not" や "can't" を使っているかもしれないな」と身に覚えがある方は、ぜひともここでの練習だけに終わらせずに、書き換えの練習をしばらく続けてみてください。練習といっても、そんなに手間や費用がかかるものではありません。というのも、あなたの書いた英文で行うのが、最も効果的な練習になるからです。送信する前の英文メールがあれば、“not” あるいは “can't” を使っているかどうかをチェックして、絶対的に必要な箇所以外はポジティブ表現へと変更する習慣をつけていきましょう。

それだけで十分な効果が期待できます。あなたの本来の楽観主義が、英語表現に反映されてビジネスに好影響を与えるばかりでなく、語彙や使える文法構造も増強できてしまうでしょう。これは一挙両得の優れた方法なのです。

ただ、英文メールではじっくりと単語を考慮しながら書き直す余裕があるので、“not” や “can't” に代わる表現を模索できますが、残念ながらスピーキングではそうした見直す時間が取れません。ですので、まずは “not” “can't” を使い過ぎないように意識するところから始めてください。それらに代わる表現については、メールでの書き換え練習をしているうちにスピーキングでも徐々に使用できるようになっていくはずです。

---

not や can't を使いすぎている人は多い。
再吟味する習慣でネガティブさが消え去る。

---

4. あなたの英語をもう一歩ポジティブ化する

もちろんネガティブ表現を使いたい時には、ご自分の判断で使っていただいて構わないのですが、無意識のうちに多くのネガティブ表現を使用してしまっているとしたら大問題です。

実はすべての英単語には、ポジティブ、ネガティブ、ニュートラルの程度があります。単語を集めて文を構成して話していくと、10語、50語、100語 と蓄積作用が起こります。ポジティブ単語を選択していくと楽観的なメッセージが生まれる一方で、ネガティブ単語を選んでしまうと悲観的なメッセージを伝えることになってしまいます。選ぶ単語によって、あなたの英会話は無意識のままに熱意溢れるものになったり、絶望感が漂ったりと、両極に向かう可能性があるのです。ですから自分の使う単語のポジティビティーについて考慮してみることは、ビジネスパーソンとして非常に意味があります。

英語コミュニケーションに影響する "not" や "can't" 以外のネガティブ単語を使用していないかを確かめる方法ですが、英語のポジティビティーについて計測できるテストは現在のところ、E-CAP®（イングリッシュ・コミュニケーション・アセスメント・プロフィール　www.ecap.jp）だけです。

ご存知の方や、すでに受験された方もいらっしゃるかもしれません。このテストは、質問に答えていただくだけで英語コミュニケーション能力が世界一正確に評価できる30分間のオンラインテストです。まるで血液検査のようなもので、ほんの少しのスピーキングサンプルで、あなたの英語コミュニケーション能力が75項目以上にわたってすべて分析できてしまいます。ただ血液検査は数値と基準値の羅列ですが、E-CAP® は数値を超えて改善方法まで詳しくアドバイスしてくれる優れものです。

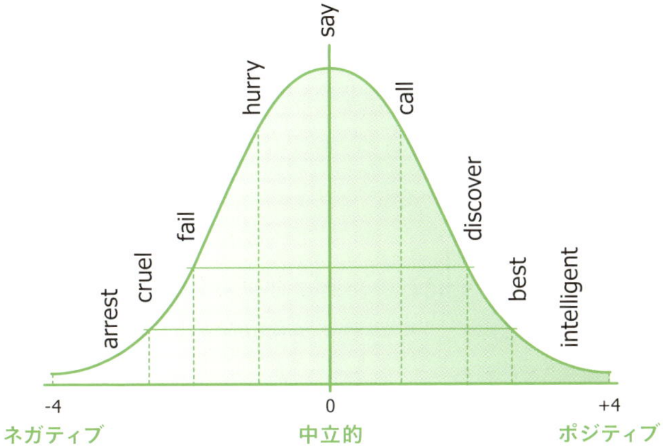

E-CAP® はあなたのネガティブ単語あるいはポジティブ単語の使用についても評価し、平均的なビジネスパーソンとの比較をグラフ化してお見せします。英語を１、２分間話した場合、ポジティブ単語とネガティブ単語の配分は典型的に、最も多い中立的な単語を中心としてきれいな鐘形カーブを描くのですが、ネガティブ単語を過剰に使用した場合、左のネガティブ側へ向かって形が

崩れてしまいます。私自身もE-CAP®を受けたことがありますが、ポジティブ度は平均より少し上でした。おそらく言語学的知識と本来の性格が反映された結果だと思います。

イギリスの政治家ウィンストン・チャーチル（1874年～1965年）の有名な言葉に「自分について言えば、私は楽観主義者だ。他の態度はほとんど価値がない」（For myself, I am an optimist—there is little use in being anything else.）がありますね。ビジネスもそうですが、人は困難の中にチャンスを、問題の中に解決方法を、災難の中に価値を見いだせる同僚と仕事をしたいと思うのです。あなた自身が全身全霊でそんな気持ちでいたとしても、ビジネス会話にネガティブ性があれば、あなたのスピーキングは、人間関係、交渉事、日常のやり取りなどで真の力を100％発揮できていないかもしれません。

こうした障害を除くには、ネガティブ単語の可能性について、気をつけてモニターし、代替できる語彙を増やしていくといいでしょう。例えば、あなたは同僚に怒りを感じていて、すぐさま怒りを相手にぶつけたいとしましょう。

> I'm angry that you didn't pay the invoice on the due date.
> （君が期日に請求書の支払いをしなかったから、私は腹が立っている）

単語 "angry" はどう考えてもネガティブ単語だと察しがつく

と思います。ですから少しソフトにすることを試みます。またすでに学習したように、ネガティブな "didn't" も取り除くとしたらどんな文に替えることができるでしょうか？

一例は次の通りです。

> I'm angry that you didn't pay the invoice on the due date.
> ➡ I'm troubled that payment for the invoice was delayed.

このように文を変えても、あなたの要点は十分に伝わります。"angry" を "troubled" に変え、"you" を取り除いて、"didn't pay" を "delayed" にしたことで、元々の文に感じられた怒りの感情が静まったと同時に、相手への厳しい責任追及も軽減されています。

ではもうひとつの例を見ましょう。

> You didn't answer my question.
> （あなたは私の質問に答えていないです）

怒涛のような怒りではないものの、心の中にある多少の憤りを感じずにはいられない文ですね。さて、あなたならどうポジティブ化しますか？　相手を責めないためには、また "didn't" を取り除くには、どうしたらいいでしょうか？

> My question was unanswered.
> （私の質問は答えられていないです）

これでポジティブ度が増したのを感じていただけるでしょう。さらにこの章の最初でご紹介した文法構造 “It seems ...” を使用することによって、より丁寧にすることも可能です。

> It seems my question was unanswered.
> （私の質問は答えられていないようです）

このように文をネガティブからポジティブへ変換することは、主張の強さを調整する工夫でもあることにお気づきいただけたでしょう。要するに、ビジネス英会話では不可欠のものです。多少の練習を必要としますが、まずは “not” や “can't” といった否定形や目立ったネガティブ単語について配慮する機会を持つようにして、要領をつかんでいってください。

ネガティブ単語をモニターすると、
ビジネスで不可欠な「主張の強さ調整」が可能になる。

あなたがポジティブ言語を得意になれば、世界のトヨタに就職してまさにグローバルに活躍できるかもしれません。

その理由についてお話ししましょう。

トヨタと言えば、2010年に米国でアクセルペダルの危険な加速でリコールされ、200万台の車を回収修理しなくてはならなかった大問題を思い出していただけるでしょう。プリウス所有者のひとりが、運転中にアクセルペダルが踏み込まれたままの状態になり、車が145km／時間までスピードを上げて失速不能になったという苦情を訴えたことに端を発した事件でした。

トヨタは状況調査を行った後で、次のように報告しています。

> While our report is still being finalized, there are strong indications that the driver's account of the event is inconsistent with the findings of our analysis.
>
> （弊社の報告書はまだ最終処理中ですが、弊社の分析による発見と当該運転手による事態の説明には矛盾があるという強い兆候があります）

難局に瀕して、非常に丁寧な表現が使われたのです。もしトヨタがポジティブ言語を重んじなければ、以下のように表明できてしまったわけですから。

> We are still working on the report, and it's becoming very clear that the driver is lying about the event.
>
> （弊社はまだ報告書作成中ですが、当該運転手が事態について嘘をついていることがかなり明らかになってきました）

しかしトヨタは、それをしなかった。そうしたい気持ちはきっとどこかにあったに違いないのに。その代わりに複雑な文法を使用し、トーンをぼかした単語を選んで、顧客への敬意を払いながらトヨタの見解を公のメッセージとして伝えたわけです。

そう、世界最大の自動車メーカーの表明から、ランチの雑談まで、ポジティブ言語はビジネスを成功させるための必須材料と言えます。文法を調整したり、“not” の使用を避けたり、ポジティブ度の高い単語を選択したりすることで、あなたはメッセージを通して相手に与えたい印象や影響を思いのままに調整することができるのです。

言語のパワーで印象を劇的に変化させる

言語は、莫大なパワーを秘めている。そしてビジネス会話すべてが、あなたが輝くチャンスだ。幸運なことに英語という言語では、ほんの少しの工夫であなたの印象を劇的に変化させることが可能だ。

この章に書かれた技術を使うと、相手が渋々とあなたの話を聞いている状況とは確実に無縁となれる。自分の名前を呼びかけてくれたり、他人へ配慮してより複雑な文法を使ってくれたり、言語をポジティブ化してくれたりする目の前の楽観主義な友人に対して、誰もが単純に耳を傾けずにはいられなくなるのである。

エピローグ

神田房枝

キャビンアテンダントが英語を話せる人材の代名詞だったのは、すでに昔の話となった。時代のニーズが英語レベルを押し上げているのは間違いなく、サービス提供に必要な程度の英語を話せる人が全然珍しくなくなったというのは願ってもないことだ。

今思えば、日本航空に勤務していた私も当時の英語力にちょっと自信を持っていた。会社の訓練所から配布されたパターン化した英会話例文を暗記して、フライトで、観光で、ショッピングで応用しながら使っては、随分ご満悦だった自分を覚えている。

だが、本当の英語力はこの「文を作れるレベル」から始まる、というよく考えれば極めてあたり前のことが痛感できたのは、海外で実践ビジネス英語の使用を余儀なくされるようになってからだ。会議では議論へ自然に参加するのにかなり苦労したし、プレゼンでは準備が功を奏して発表はうまくいっても、質疑応答で予想外の質問を振られて沈黙してしまったこともある。また交渉では相手の意図を100％理解できていないのに分かったフリをしてしまい、遂には相手の深刻なひんしゅくを買ってしまったことさえあった。

そんなちょっぴり苦い経験を通して思い知らされたのは、実践ビジネスで頼りになるのは、いまだに英語力向上の王道のように信じられている記憶力を駆使して獲得する英語知識の蓄積ではなく、ビジネスコミュニケーションで日常的に遭遇する問題を解決するためのツールとなってくれる技術であることだ。

そうした技術は実に百人力で、相手により分かりやすく伝えることを可能にするだけでなく、相手の話に対する理解度を上げ、たとえ何かでつまずいても（聞き取れなかったり、単語が見つからなかったり、質問の答えが浮かばないなど）、そこからの起死回生までもサポートする万全な守備の役目を果たしてくれる。またそのおかげで、私たちはストレスのない自分本来の創造的英語コミュニケーションを楽しめるようになると言っても過言ではない。

本書は、まさにそういった最強のコミュニケーション技術の手引きであり、グローバルビジネスシーンで自信を持てる英語へと導いてくれる稀有な一冊である。事実、私が遭遇したコミュニケーションの難局についての具体的解決策が収録されていて、私のような恥ずかしい思いをしなくてすむ読者の方々がうらやましい限りだ。

ウィリアム・ヴァンス博士の著作を監訳させていただくのは、これで５冊目を数える。日本人を含めたアジア人のグローバルな活躍をここまで熱心に応援してくださる方を他に知らない。ヴァンス博士のアジア人英語への深い洞察、言語学と認知科学的専門知識、革新的な指導方法に支援されれば、私たちが「ネイティブを超える英語コミュニケーション力」を手に入れるのは夢ではないと本気で思っている。

DHCの編集者である小松玲子氏の英語上達のための良書を作りたいという熱意から、この一冊は生まれた。この場を借りて心から深謝の意を表したい。

著者

ウィリアム・A・ヴァンス

William A. Vance

言語学博士。イェール大学ビジネススクール・コミュニケーションセンターの創設者、元ディレクター。現在は、同校でエグゼクティブMBAコースや次世代リーダー育成のためのワールドフェロープログラムで教壇に立つ他、フォーチュン500社を含む企業、研究機関、国際機関のクライアントに対し、成功へと導くビジネスコミュニケーションを指導している。これまでに指導したのは、英語ネイティブスピーカーを含めた世界75ヵ国以上の出身者で、高校生から世界第一線で活躍する著名人までファン層も厚い。イェール大学の学生アンケートでは、「自分に最も影響力があった教授」のひとりとして選ばれている。近年では、日本の企業、大学、病院から招聘を受け、セミナーやコンサルティングを定期的に提供している。

また、TOEIC®テスト、TOEFL®テストに代表される英語能力標準テストのスコアと実際のコミュニケーション能力との非相関性に対応するべく、コミュニケーション能力を正確に評価できるイングリッシュ・コミュニケーション・アセスメント・プロフィール（www.ecap.jp）をデザインし、次世代の英語コミュニケーションテストとして注目を集めている。

日本での著書に『英語で考えるスピーキング』『ビジネス・プロフェッショナルが使うパワー英単語100』（共にダイヤモンド社）、『日本人の知らないワンランク上のビジネス英語術――エール大学厳選30講』（阪急コミュニケーションズ）、『人を動かす英語』（PHP新書）がある。

www.dr-vance.com

監訳者

神田房枝

かんだ・ふさえ

日本航空入社、国際線客室乗務員として世界を駆け回り、日本国政府専用機にも乗務する。留学のため退職、渡米し、イェール大学大学院にて東アジア学修士号、博士号を取得する。その後、ボストン大学講師、ハーバード大学ポストドクトラルフェロー、ボストン美術館学芸部研究員となり、その間に数々の国際学会発表、学術記事出版を行なう。ハルピン工業大学への留学経験もあり、英語の他に中国語も堪能。翻訳書に『その仕事は利益につながっていますか？』（ダイヤモンド社）他多数。米国エグゼクティブボイス社東アジア開発ディレクターを経て、現在、日本支社であるエグゼクティブボイスジャパン代表取締役。

www.executive-voice.jp

イェール大学言語学博士 特別セミナー
グローバル思考の英会話

2012年10月17日　初版　第1刷
2013年 2 月 4 日　　　　第4刷

著　者　ウィリアム・A・ヴァンス
監訳者　神田房枝
発行者　吉田嘉明
発行所　株式会社DHC
〒106-0041 東京都港区麻布台1-5-7
03-3585-1451（営業）
03-3585-1581（編集）
03-5572-7752（FAX）
振替　00160-6-716500
印刷所　株式会社ルナテック

Printed in Japan
落丁・乱丁本はお取り替えいたします。

ISBN 978-4-88724-533-4 C0082